Insultario toscano-italiano

Francesco Albanese
INSULTARIO TOSCANO-ITALIANO
Insulti, parolacce, imprecazioni, modi di dire poco gentili e vilipendi vari

1ª edizione settembre 2024

Progetto grafico: **Marialetizia Pivato**
Coordinamento editoriale: **Angelo Pastrello**

ISBN: 979-12-5634-016-3

Via A. dal Legname 8, 31100 Treviso (TV)
Visita il nostro sito: www.editorialeprogramma.it
Scrivici a: manoscritto@editorialeprogramma.it
Seguici su @Editoriale.Programma
@ed.programma

Francesco Albanese

INSULTARIO TOSCANO ITALIANO

Insulti, parolacce, imprecazioni,
modi di dire poco gentili
e vilipendi vari

editoriale Programma

A mia moglie Samantha,
che non sopporta le parolacce.
E ai miei figli, Vittorio e Guglielmo,
che invece le apprezzano
anche troppo.

Sommario

Premessa fondamentale

Io adoro le parolacce. Lo so, come biglietto da visita non è un granché, ma è la verità. Le adoro perché hanno un che di magico, riescono a dare a certe espressioni quel colore che una lingua *pulita*, *elegante* e *rispettosa* non può in alcun modo dare. Giusto per capirsi, quando all'interno di *Fight Club*, il romanzo di Chuck Palahniuk, Marla Singer aggredisce Jack, tempestandolo di pugni e accusandolo di aver ucciso qualcuno, gli urla: «Merdoso fottuto pezzo di stronzo!» Ecco, se gli avesse gridato «Sei un criminale!», «Maledetto disonesto!» oppure «Gran farabutto omicida!» l'effetto sarebbe stato forse lo stesso? La domanda è retorica e la risposta è ovviamente no. Ed è appunto per questo motivo che le parolacce, le offese, i modi di dire poco riguardosi hanno una loro dignità e una loro identità, perché fanno un lavoro (quello sporco) che le *non-parolacce* sono incapaci di svolgere. E, in più, sono anche utili per una vita emotivamente equilibrata! In alcuni casi (in moltissimi, per la verità) le offese hanno un effetto catartico, liberatorio, che alleggerisce l'oratore di gran parte del fardello che gli comprime la cassa toracica, risparmiandogli il più delle volte il passaggio alle mani. E io sono anche profondamente convinto che ci sia una correlazione positiva tra il livello di volgarità scelto e l'intensità della catarsi che ne consegue: più è volgare l'offesa, meglio ti senti. Un'offesa ben confezionata e ben indirizzata, almeno agli occhi di chi la pronuncia, è un po' come una medicina, un ansiolitico, un antistress che abbassa la pressione arteriosa e allunga la vita. Ma senza dover arrivare all'offesa, anche soltanto nel civile eloquio, la parolaccia non può essere rimpiazzata a cuor leggero da un surrogato, esattamente come il bicarbonato non può far lievitare il pane tanto quanto il lievito di birra. La condizione esistenziale di una testa di rapa o di cavolo non è tanto grave quanto quella di una testa di cazzo, c'è poco da fare. Quindi, liberiamoci dalle ipocrisie, dal falso perbenismo, dal voler apparire migliori di quanto non si sia realmente e uniamo in coro le nostre voci dando sfogo alle nostre più truci volgarità, perdinci!

Ma veniamo a noi. Nello scrivere questo insultario, ci siamo fin da subito trovati in un *cul-de-sac* (per i più impulsivi che disconoscono l'espressione, *cul* vuol dire *fondo* e non *culo*): a differenza di quanto accade nelle altre regioni d'Italia (ove i vari dialetti provinciali sono ben diversi dall'Italiano, e dove alcuni dei quali si discostano talmente tanto dall'italiano da richiedere una vera e propria traduzione per essere compresi), dicevo, insomma, che a differenza di quanto accade per altre regioni, gran parte dei lemmi offensivi che costituiscono il nutrito firmamento degli insulti dei vari dialetti toscani è la stessa che popola la lingua italiana, perché la lingua ufficiale d'Italia, di fatto, nasce proprio da qui, dalla Toscana.

Per la sua ultima stesura dei *Promessi sposi* (1840 circa), il milanese Alessandro Manzoni sentì l'esigenza di trasferirsi per un po' a Firenze a "sciacquare i panni in Arno", diceva lui, affinché la sua opera fosse il più possibile aderente alla lingua fiorentina, considerata già da un bel po' la vera lingua italiana. Per noi toscani, che in Arno non ci sciacquiamo i panni, ma che ci siamo nati e ci stiamo a bagno ogni giorno, tutta questa differenza tra dialetto e italiano non c'è, e non ci possiamo fare poi più di tanto. Quello che invece abbiamo cercato di fare (e che ci è venuto anche benino, direi) è di mettere in risalto, ove possibile, le varie sfumature che rendono unici i dialetti delle varie province toscane, sia nell'essenza dei vari lemmi o delle varie espressioni che, e soprattutto, nella trascrizione della pronuncia, la cui fonetica abbiamo cercato di riprodurre nel miglior modo possibile. Infatti, seppur ad orecchio non toscano i dialetti delle varie province possano apparire tutti uguali, di fatto non lo sono per niente. Ad esempio, la locuzione italiana: *che c'è?*, a Firenze, Prato e Grosseto diventa *icché c'è?*, a Pistoia, *il che c'è?*, a Siena *checè?*, a Carrara *ços a'iè?*, e così via.

Alla fine dell'800, Ernesto Giacomo Parodi, linguista, filologo e critico letterario genovese, in un articolo nel quale analizza i dialetti toscani, con particolare riferimento al senese e all'aretino, asserisce che i dialetti toscani, specialmente quelli più antichi, possono essere classificati in quattro gruppi principali: 1) il gruppo fiorentino (centrale), che rappresenta la base della lingua italiana standard; 2) il gruppo occidentale, che comprende i dialetti di Pisa e Lucca, molto simili tra loro, e quello di Pistoia, ad essi strettamente correlato, nonostante alcune differenze; 3) il gruppo senese, gruppo questo che presenta le maggiori differenze rispetto al tipo letterario fiorentino; 4) il gruppo aretino (chianaiuolo), ulteriore gruppo con un distacco ancora maggiore dal fiorentino.

A questa *parodiana* classificazione, abbiamo la pretesa di aggiungere (soltanto perché non citati) i dialetti di: Prato, che ai tempi del Parodi non era provincia, nel gruppo di Firenze; Livorno, che con profondo dispiacere di entrambi non può che essere incluso nel gruppo di Pisa, assieme a Lucca e Pistoia (con maggiore affinità al dialetto pisano, essendo la provincia di Livorno "imprigionata" tra quella di Pisa e il mare); Grosseto, di inequivocabile affinità al senese, più che al livornese o al pisano, con le cui province condivide soltanto qualche chilometro di confine; Massa e Carrara, i cui dialetti, già diversi tra loro, fanno storia a sé, meritando la fondazione di un quinto gruppo, dal momento che, più che toscani, appaiono dialetti di transizione all'emiliano, data l'antica appartenenza di quell'area geografica al ducato di Modena e Reggio.

È bene sottolineare, inoltre, nel caso ce ne fosse bisogno, che già all'interno delle stesse province, da zona a zona si possono osservare diverse sfumature nella terminologia, negli accenti e anche nella scelta delle interiezioni per le varie circostanze emotivamente cariche. È chiaro allora che, per la parola, non valgono i confini che delimitano il territorio e non è difficile immaginare quanto possa essere evanescente, frastagliato e sovrapponibile il limite tra il dialetto di una provincia e quello della provincia confinante, appunto e soprattutto, nelle aree stesse di confine. E questa, naturalmente, non è una caratteristica delle sole province toscane, ma vale per tutte le province di tutte le regioni d'Italia. Questa precisazione è fatta a mo' di antidoto, al fine di neutralizzare già da subito eventuali lamentele di chi, dopo aver letto qualche pagina di questo insultario, possa un giorno saltar fuori con una recriminazione del tipo: "Signori, io abito qui e avete detto che qui dove abito io questa cosa qui si dice così, io invece l'ho sempre detta cosà! Come la mettiamo?" La nostra risposta è questa qua: "Prova a sentire un po' più in là, se quella cosa lì si dice così come diciamo noi, oppure si dice cosà, come tu dici che andrebbe detta. In base a come si dice, e a quello che più ti aggrada, se lo ritieni opportuno, spostati di conseguenza".

Fatta debita precisazione, non ci resta che passare all'ultima doverosa questione: come, e dove, abbiamo trovato i termini e le più articolate espressioni. Per chi vuole intraprendere la via della conoscenza dei dialetti, le fonti per eccellenza sono senza dubbio i vocabolari delle lingue delle varie province. Per citarne soltanto alcuni, il Vocabolario senese di Ubaldo Cagliaritano; il Vocabolario versiliese di Gilberto Cocci; il Vocabolario pistoiese di Lidia Gori e Stefania Lucarelli, il Borzacchini Universale: Dizionario Ragionato di lingua livornese, e così via. Le reti bibliotecarie comunali solitamente dispongono di titoli analoghi per le province della propria regione. Per il fiorentino in particolare, mia lingua madre, di grande aiuto è stato anche il

Vocabolario Fiorentino online dell'Accademia della Crusca. Solitamente, però, nessun vocabolario contiene un numero esaustivo, di termini o di espressioni e modi di dire volgari. Per questo motivo, il secondo passo è stato quello di estendere la ricerca, spostandosi direttamente sul campo, sguinzagliando complici sul territorio toscano, alla ricerca di anziani autoctoni, nati in, e da, terra di Toscana, custodi di antico sapere, bevitori e bestemmiatori incalliti (per questa ultima parte ci siamo astenuti dalla trascrizione), quelli, in buona sostanza, che potrebbero essere chiamati toscani D.O.C.

A tale proposito, permettetemi di ringraziare gli amici William Morrone, Simone Parrini, Giacomo Pugi, Andrea Coppini, Giuliano Sona, Francesco di Teodoro, Rocco Di Tommaso e Maurizio Zambelli, che più degli altri mi hanno aiutato nella ricerca e nella verifica dei lemmi di questo insultario.

Quello che ne è venuto fuori è il libretto che state tenendo tra le mani.

Mi auguro che vi divertiate a leggerlo, tanto quanto ci siamo divertiti noi a scriverlo.

Buona lettura!

Pistoia, 2 agosto 2024

Francesco Albanese

Istruzioni per l'uso

Prima di buttarci a capofitto nella melma dell'insultario toscano, è forse utile dare una rapida occhiata alla bussola (metaforica) che ci servirà per orientarci e per addivenire a una miglior comprensione del testo. Vi sia utile sapere, come regola generale, che né io che scrivo né l'editore (che in questo nefasto contesto sarebbe forse più adeguato chiamare "mandante") abbiamo alcuna intenzione di essere precisi, eccessivamente rigorosi, né troppo puntigliosi. Ma, più di ogni altra cosa, lungi da noi l'idea di mettere d'accordo con questo libretto tutti i toscani coi loro dialetti, che da provincia a provincia, se non addirittura da frazione a frazione, subiscono variazioni, talvolta anche importanti e profonde. Non state pertanto a scomodarvi per segnalarci che per la vostra zona una determinata parola si pronuncia come piana, anziché sdrucciola, bisdrucciola o trisdrucciola. Lo sappiamo o anche se non lo sappiamo ce lo possiamo immaginare. Tuttavia, per sostenere il desiderio di giustizia di alcuni e la necessità di colmare le nostre lacune, a fine volume abbiamo inserito una piccola sezione in cui ognuno potrà annotare i propri insulti e le proprie parolacce, in modo da non dimenticarli ed eventualmente segnalarceli nel caso di future riedizioni.

Nella compilazione di questo insultario sono state adottate, in linea di massima le regole che seguono (piuttosto flessibili), che potrebbero essere d'aiuto al lettore nell'interpretazione di quanto scritto.

L'aspetto sostanziale cui abbiamo dedicato attenzione è quello della "c". Per un orecchio esterno, il toscano, *tout court*, "si mangia la c". La verità è che la "c" si mangia, e con piacere, a Firenze e a Prato, diventando una "h". Spostandosi verso Pistoia, ad esempio, l'appetito per la "c" diminuisce e la pronuncia si indurisce più spesso che a Firenze. Sul mare, invece, il vento di Ponente spazza via la "c" nei dialetti pisano e livornese, che non la pronunciano affatto, neanche aspirata; e così via. Come abbiamo deciso di procedere, quindi? Nel lemma – quello in grassetto per intenderci – ci siamo guardati bene dal sostituire la "c aspirata" con la "h" per suggerirne la pronuncia: ne sarebbe derivato un libretto illeggibile e sgradevole alla vista. Abbiamo invece adottato questa soluzione nella maggior parte delle frasi esemplificative per favorire l'immersione nella cultura locale, dalla quale particolari espressioni o modi di dire provengono. Diversamente, per alcuni termini livornesi e pisani, abbiamo voluto evidenziare di proposito il dileguo della "c" omettendo di scriverla. Ad esempio, nell'espressione *bùco di cùlo*, il lemma è scritto direttamente come *bùodiùlo*, perché solo attraverso questa forma se ne può assaporare l'autentico impatto offensivo e perché è con la stessa fluidità e continuità che esce dalla bocca dei livornesi.

Un'altra scelta che abbiamo fatto è quella di evidenziare l'elisione, la troncatura del termine (molto comune in tutta la Toscana), con l'apostrofo. Ad esempio, nel lemma *('r) bécco di tu' pa'!*, "'*r*" sta per "ir" (il) e "*tu*'" sta per "tuo", "*pa*'" sta per "padre".

Oltre ai singoli termini, in certi casi troverete

riportati per esteso perifrasi, locuzioni avverbiali o verbali, modi di dire. Talvolta questi vengono riportati così come vengono pronunciati, sotto la lettera con cui comincia la perifrasi in questione: ad esempio troverete l'espressione "*a bùco di cùlo*" indicizzato alla lettera A oppure "*l'ha vìsto più soffìtti lei d'un imbianchìno*" alla lettera L. In altre circostanze, le frasi idiomatiche sono state indicizzate sotto la lettera cui si riferisce il termine più pregnante della frase stessa: ad esempio, troverete "*('r) bécco di tu' pa'!*" sotto la lettera B, poiché *bécco* è il termine più caratterizzante dell'espressione.

In molti casi, i termini che qui proponiamo non rappresentano in senso stretto delle parolacce o degli insulti, ma assumono un'accezione volgare o ironica a seconda del contesto in cui vengono inseriti. Per tali ragioni, abbiamo ritenuto opportuno inserire, oltre alla traduzione letterale e figurata dei lemmi, anche alcune frasi esemplificative dove si palesa il reale significato degli stessi.

Ogni lemma o espressione che incontrerete in questo particolare dizionario sarà strutturato come riportato nella pagina seguente.

bìschero *s.m.* 1) ingenuo, sprovveduto, scemo. Chi compie azioni tutt'altro che furbe, che provocano solo danno a se stesso; a Pistoia, il bìschero, il minchione, è invece un **piacciantèo**; 2) in senso scherzoso, viene utilizzato questo termine per indicare qualcuno che ha voglia di scherzare. "*Avere il bischero*" = *Essere in vena di scherzare.* "*Non fare il bischero*" = *Sii serio.* Il termine deriva dal nome della famiglia fiorentina dei Bischeri che si rifiutarono di vendere parte dei propri possedimenti al governo, disposto a sborsare una grossa somma per l'affare. Destino volle (si fa per dire…) che, poco tempo dopo, un incendio distruggesse ciò che non avevano accettato di vendere. E i Bischeri rimasero senza possedimenti e senza soldi […]

lemma

tipologia di parola

numero dei possibili diversi significati

traduzione letterale

rimando a sinonimi o lemmi di derivazione

frasi esemplificative

Tavola delle abbreviazioni e dei simboli

accr.	accrescitivo
agg.	aggettivo
avv.	avverbio
dim.	diminutivo
escl.	esclamazione
fig.	figurato
imp.	imperativo
interr.	interrogativo
intrad.	intraducibile
loc.	locuzione
m.d.d.	modo di dire
perif.	perifrasi
pl.	plurale
prov.	proverbio
s.f.	sostantivo femminile
s.m.	sostantivo maschile
sott.	sottinteso
spreg.	dispregiativo
v. intr.	verbo intransitivo
v. rifl.	verbo riflessivo
v. tr.	verbo transitivo
→	vedi voce

Insultario toscano-italiano

A-Z

A

a bùco di cùlo *m.d.d.* a buco di culo; avere una fortuna sfacciata, essere molto fortunati.

a Marràdi séminan fagiòli e nàscon làdri *prov.* a Marradi seminano i fagioli e nascono dei ladri; proverbio toscano che si riferisce al comune di Marradi, situato nella provincia di Firenze. Il proverbio suggerisce, in modo scherzoso e un po' irriverente, che in questa località si piantano fagioli ma "crescono" o nascono ladri. Il proverbio implica una reputazione non proprio lusinghiera degli abitanti di Marradi, associandoli in modo umoristico al furto.

a te, caàta! *escl.* a te, cacàta!, questa offesa è proprio per te, merda! L'espressione è esternata al pari di un grido di rivincita, e accompagna la rivalsa che consegue un torto subito, e mai è proferita per attaccare per primi il contendente. Il livornese vuole essere certo che la giustizia faccia il suo corso e che l'insulto raggiunga l'altro senza possibilità di errore. Per questo motivo inserisce un chiaro "a te" ad inizio frase, un francobollo di posta prioritaria.

È un'esclamazione molto frequente nel linguaggio popolare quotidiano livornese e solitamente viene indirizzata all'automobilista (generalmente pisano) che non dà la precedenza all'incrocio.

abboccàre *v. intr.* abboccare, credere ad una fandonia; detto dei pesci che afferrano l'esca con la bocca. In Toscana, l'espressione non è utilizzata soltanto nel contesto della pesca, ma anche quando qualcuno si comporta come un pesce che, scambiando l'esca per una preda, quindi *abboccando*, ci rimane fregato. "*I' tu' fratello abbocca a tutto!*" = *Tuo fratello crede a tutto*. Alla terza persona plurale è utilizzato sovente in tono scherzoso, ma comunque di scherno, per rivelare alla vittima la fregatura: "*Abboccanooo!*".

abborracciàto *agg.* approssimato; fatto controvoglia, in fretta e male, con pressappochismo e pertanto mal riuscito e/o poco presentabile. "*Questo riassunto l'è proprio abborracciàto!*" = *Questo riassunto è veramente tirato via*. Nel pisano, le cose fatte male sono invece **abborciàte**.

abbozzàre *v. tr.* smettere di fare qualcosa. Invito poco garbato a modificare il proprio comportamento o atteggiamento. "*Che l'abbozzi o no?*" = *La smetti oppure no?*; "*Abbòzzala di chiacchierare!*" = *Smettila di parlare!* Espressione derivata con buone probabilità dall'Arte dei Legnaioli che intagliavano il legno, *abbozzandolo*. Non è un caso che l'espressione "*Dacci un taglio*" abbia lo stesso significato di *abbòzzala*.

abbùo abbùo *m.d.d.* **1)** a pelo, per un pelo, giusto giusto. Si riferisce a una situazione che si risolve per un soffio, con un margine minimo di sicurezza; "*Sono riuscito a prendere l'ultimo autobus, abbùo abbùo!*" = *Sono riuscito a prendere l'ultimo autobus, appena in tempo!*; "*L'ha scampata abbùo abbùo!*" = *L'ha scampata per un pelo!*; **2)** In modo approssimativo, superficiale, senza cura. Indica un lavoro o un'azione eseguita con scarsa attenzione e precisione. "*Ha fatto il compito abbùo abbùo, non s'è impegnato molto…*" = *Ha fatto il compito per miracolo, non si è impegnato molto…* Il significato del modo di dire deriva verosimilmente da → **a bùco di cùlo**, altro modo di dire toscano col quale si intende "per fortuna"; *abbùo*, cioè *a bùo*, e quindi *a buco*, ne è la contrazione. La ripetizione del termine *abbùo* non fa altro che raddoppiare la dose di fortuna che si vuole esprimere.

abburracciùgagnene! *escl.* mettici il burro e poi l'acciuga; espressione esclusivamente fiorentina, coniata nel 1972 allo storico cinema Universale di Firenze, in Borgo San Frediano, durante la proiezione del film di Bernardo Bertolucci *Ultimo Tango a Parigi*, e da allora diventata un'espressione iconica di uso corrente nella lingua fiorentina. Durante la scena in cui Marlon Brando sottomette Maria Schneider, usando del burro come lubrificante, l'incitazione *abburracciùgagnene!* riecheggiò nella sala cinematografica rompendo il *pathos* della scena e suscitando ilarità e applausi da parte di tutta la platea. Il creatore di quel neologismo, ignaro di stare marchiando a fuoco quel momento nella storia di Firenze, aveva verosimilmente esclamato *abburracciùgagnene!* al pari di *inculatela ben bene!*

(stando sulla metafora: *mettici il burro e poi l'acciuga!*) forgiando la singolare espressione sull'elemento saliente della scena, il burro. L'aggiunta di acciuga a quell'espressione, come accade al cuoco con i crostini pane e burro, è stato quel geniale tocco di classe da intenditore, volto ad aumentare il godimento sessuale, al pari di quanto accade per il godimento del palato.

accidènti a te e ar budèllo di tu' ma'! *escl.* maledizione a te e alla prostituta di tua mamma! Esclamazione labronica che combina due maledizioni distinte. È un'espressione che denota profonda rabbia e frustrazione, usata per maledire qualcuno in modo colorito e sarcastico. La prima parte, *accidenti a te*, è una generica maledizione rivolta all'interlocutore, mentre la seconda parte, *ar budello di tu' ma'*, è un riferimento alle attitudini di meretricio della madre dell'interlocutore, usato come simbolo di disgusto e disprezzo. "*Accidenti a te e ar budello di tu' ma', me la pagherai!*" = *Accidenti a te e alla puttana di tua madre, la pagherai!*; "*Te ne pentirai, accidenti a te e ar budello di tu' ma'!*"; "*Ma che stai dicendo, accidenti a te e ar budello di tu' ma'!*". Rivolta a chi si ha confidenza, rimane un'espressione forte e colorita, ma in tale contesto può essere usata per esprimere rabbia e frustrazione in modo sarcastico e ironico.

accincignàto *agg.* spiegazzato, appallottolato e poi disteso nuovamente, sgualcito. Si dice di un tessuto strofinato fino a raggrinzirlo vistosamente. "*Mi dici indo' tu vai con codesta camicia? L'è tutta accincignàta?*" = *Dove pensi di andare con codesta camicia? Non vedi che è tutta sgualcita?* Con lo stesso significato, ad Arezzo si usa anche **rincincignàre**. A Firenze e province limitrofe, anche **ciancicàto**; a Pisa, **cianciucàto**.

aggéggio *s.m.* aggeggio; qualcosa che vale poco; si dice di persona poco raccomandabile; ma anche di bambino svogliato o irrequieto.

aibò! *escl.* tipica del dialetto livornese che esprime disgusto, disappunto, fastidio o sorpresa negativa. Può essere usata in diverse situazioni: 1) davanti a qualcosa di sgradevole:. "*Aibò, che schifo!*"; "*Aibò, questa pizza è immangiabile!*"; 2) per disapprovare un comportamento. "*Aibò, che succede qui?*"; "*Aibò, non mi dire che hai avuto un incidente!*"; 3) per esprimere sorpresa mista a disappunto. "*Aibò, chi si vede!*"; "*Aibò, che modi sono questi?*"; 4) per allontanare qualcuno o qualcosa. "*Aibò, va' via!*"; "*Aibò, vattene e non farti più vedere!*". L'intonazione di *aibò* può variare a seconda del sentimento che si vuole esprimere. Può essere pronunciata con tono di disgusto, disappunto, rabbia o sorpresa.

allezzìto *agg.* 1) avaro, tirchio, restio a spendere o a dare agli altri. L'accezione principale si concentra sull'avarizia, sulla grettezza e sulla meschinità nel donare o nel condividere. "*Non farti prestare soldi da lui, è un allezzito!*"; 2) povero, misero; indica una persona che vive in condizioni di povertà o che ha subito una disgrazia. "*Dopo la perdita del lavoro, è diventato un allezzito!*"; 3) trasandato, malvestito; riferito a chi si presenta con abiti sudici o in disordine. "*Si presenta sempre vestito da allezzito.*"; 4) ignorante, incapace; denota una persona con scarsa cultura o abilità. "*È un allezzito, non capisce nulla di quello che gli dico.*" In tutti i casi, l'intonazione varia a seconda del significato che si vuole trasmettere: sprezzante per l'avarizia, compassionevole per la sfortuna, dispregiativa per la trascuratezza e sarcastica per l'ignoranza. L'aggettivo *allezzito* è usato principalmente nel dialetto toscano, ma è presente anche in altre zone d'Italia con sfumature di significato simili.

allupàto *s.m.* e *agg.* allupato, trascinato da un istinto incontenibile, famelico come quello dei lupi, ma qui con unica accezione di fame sessuale. "*I maschi della mi' classe son tutti allupàti*" = *I maschi della mia classe sono sempre tutti eccitati*: espressione molto diffusa e di uso comune nel fiorentino-pratese-pistoiese per indicare persone di sesso maschile attratte da qualsiasi donna, per il semplice fatto di essere tale.

amìco Fritz *m.d.d.* amico Fritz **1)** espressione riferita a chi di primo acchito appare un amico, ma che, ad una più attenta analisi, sembra essere amico di tutti, ma, di fatto, non esserlo per nessuno. "*Babbo, esco con Giovanni! Sì… l'amico Fritz…*"; **2)** modo di dire usato in tono scherzoso per riferirsi a qualcuno a noi conosciuto senza però chiamarlo per nome. "*Senti l'amico Fritz se te la presta lui la bici*". L'espressione deriva da una commedia musicale scritta da Nicola Daspuro e musicata da Pietro Mascagni, dal titolo appunto di *L'amico Fritz.*

ànco Sant'Antònio s'innamorò del pòrco *m.d.d.* anche Sant'Antonio si innamorò del maiale. Espressione lucchese situata al confine con la blasfemia, usata come sinonimo della meno sacrilega espressione “tutti i gusti son gusti”.

annàcqualo! *escl.* aggiungici dell’acqua! Esclamazione tipica livornese, ma diffusa in tutta la Toscana, derivata dal verbo “annacquare”, che significa diluire con acqua. In tono burlesco, si usa per apostrofare qualcuno che si ritiene sia ubriaco, invitandolo a diluire con acqua il vino che sta bevendo, per moderarne l’effetto. In tono serio, può assumere una sfumatura di disappunto o rimprovero per l’eccessivo consumo di alcol. Anche → **pòsa ‘r fiàsco!**

antepàtico *agg.* antipatico. Lo stesso che in italiano, persona che suscita sentimenti di repulsione e di istintiva avversione. Nella versione prettamente fiorentina volgare, come anche per altri dialetti come il senese o il pisano (qui sparisce anche la *c* e diventa *antepàtio*), e come non di rado accade per altre parole, la lettera *i* viene sostituita dalla lettera *e* (ad esempio *risultati* = *resurtati*). “*Ma lo sai che tu se’ proprio antepàtico?*” = *Ma lo sai che sei veramente antipatico?*

avécci ‘r bùo strappàto *m.d.d.* avere un culo rotto; avere molta fortuna, essere baciati dalla sorte. Si usa per indicare una persona che gode di una serie di eventi favorevoli o che riesce a ottenere successi con facilità. “*Lui ha sempre avuto ‘r buo strappato, tutto gli va a gonfie vele*”; “*Se vuoi vincere la lotteria, devi avere ‘r buo strappato*”; “*Non è che mi serve ‘r buo strappato, però un po’ di fortuna non guasterebbe*”

A

avécci 'r cùlo sùdicio *m.d.d.* avere il culo sporco; avere la coscienza sporca, sentirsi in colpa per qualcosa di sbagliato che si è fatto. Si usa per indicare una persona che prova rimorso o vergogna per le proprie azioni. "*Non si fa più vede' perché c'ha 'r culo sudicio!*" = *Non si fa più vedere perché si vergogna di quello che ha fatto.*

avellàre *v. intr.* puzzare come un morto. Da *avèllo*, cioè tomba, sepolcro. "*Madonna come t'avelli! Ma che ti se' la'ato?*" = *Accidenti come puzzi! Ma ti sei lavato?*; "*Oggi 'un gli si sta accanto, puzza come un avèllo!*" = *Oggi non si riesce a stargli vicino, puzza come una carogna.*

avére i' fòco a i' cùlo *m.d.d.* avere il fuoco che brucia il culo. Locuzione usata nell'area fiorentina e pratese per denotare urente premura. La locuzione rende bene l'idea dell'urgenza di chi, con le fiamme (reali o metaforiche) al deretano, avverte la forte urgenza di accomiatarsi dai presenti per poter, in forma riservata, porre rimedio a cotanta sofferenza. "*Aspetta! Ma vai già via? Che c'hai, i' foco a i' culo?*" = *Aspetta! Vai già via? Che fretta hai?*

B

babbalèo *s.m.* da *babbeo*, persona sempliciotta e buona a nulla, di poco intelletto. "*Smettila di fare il babbalèo, giù!*" = *Smettila di fare lo scemo, forza!*

baccalà *s.m.* baccalà; oltre a riferirsi, in senso letterale, al merluzzo salato e conservato, in senso figurato, è usato in modo ironico o scherzoso per indicare una persona incompetente, incapace o inutile. "*Ma che fai, baccalà? Non vedi che stai combinando un guaio?*"; "*Non mi va di uscire con lui, è un baccalà, non fa altro che dormire.*"

baccellóne *s.m.* fessacchiotto, imbranato; grande, grosso e coglione. "*Ma che l'hai visto i' figliolo della Teresa? L'è proprio un baccellone!*" = *Hai visto il figlio di Teresa? È davvero un imbranato!* Nell'aretino anche solo **baccèllo**.

bacchettóne *s.m.* bacchettone, bigotto; chi frequenta assiduamente e con ostentazione la chiesa, più per forma che per fede. "*La Carla l'ha sposato un bacchettone! Oh, po'erini…*" = *Carla ha sposato un bacchettone! Poveri noi…* Nel dialetto pistoiese, è **benedìcola**, termine derivato dalla locuzione "dire il bene", cioè "dire il rosario".

baciapìle *s.m.* colui che bacia le acquasantiere; bigotto; espressione che è l'estremizzazione di → **bacchettóne**, usata con l'intento di sottolineare la devozione ostentata, ipocrita e perlopiù poco autentica, verso la Chiesa e la pratica religiosa. "*L'è un baciapile di nulla!*" = *È sempre dalla parte della Chiesa.*

bailàme *s.m.* bailamme; enorme confusione, baraonda; usato molto nel fiorentino, più che in italiano. Grande confusione, baraonda, → **casìno** esagerato. Dal turco *bairam*, cioè "festa". "*Oh, sono stato a casa della Cinzia. Un bailàme! Da mettisi le mani ne' capelli!*" = *Sai che sono stato a casa di Cinzia? Una baraonda esagerata! Da mettersi le mani nei capelli!*

baldràcca *s.f.* prostituta, donna di malaffare, puttana. L'espressione deriva dalla storpiatura di Baldac o Baldacco, nome col quale era chiamata la città persiana di Baghdad, che nel medioevo godeva fama di luogo di immoralità e perdizione. In quei tempi, "Baldracca" era anche una contrada malfamata di Firenze adiacente a Piazza della Signoria, che prendeva il nome dalla locale "Osteria della Baldracca", nota bettola frequentata da prostitute. Appellativo da utilizzare se si ha intento volutamente dispregiativo o peggiorativo. "*Da quando la su' moglie gl'è morta, Antonio 'un s'accompagna altro che con baldracche!*" = *Da quando è morta sua moglie, Antonio si accompagna solo con prostitute!* A Pistoia, l'accrescitivo **baldraccòna** è usato per indicare una donna fatta male, grassa e volgare nei modi e nell'aspetto.

bambacióne *s.m.* persona ingenua, → **bìschero**

B

barzòtto *agg.* né duro, né molle. Termine inequivocabilmente da attribuire all'organo sessuale maschile. "*Ce l'ha sempre barzotto*", espressione riferita a chi, sempre pronto ad una copula, ha costantemente il pene già sulla strada di una valida erezione.

baugìgi *s.m.* termine labronico di origine incerta usato per definire il culo (o il buco del culo), senza eccessiva volgarità. Usato spesso coi bambini. "*Non stare sempre con il baugigi per aria, copriti!*"

bécco *s.m.* cornuto. Il termine deriva verosimilmente da *becco*, il maschio cornuto (per natura) della capra. Le femmine di questa specie sono solite cambiare spesso il partner, motivo per cui gli uomini vittime di adulterio vengono assimilati al caprone cornuto. "*Zitti, zitti! Arriva il becco...*"; anche retto dal verbo ausiliare fare: "*L'è andata a letto con Mauro e l'ha fatto becco, qui' po'er'omo di' su' marito...*" = *È andata a letto con Mauro e ha messo le corna a quel pover'uomo di suo marito...* Per sottolineare l'incapacità dell'uomo di accorgersi dei ripetuti tradimenti, è usata anche l'espressione **beccaccióne**.

('r) bécco di tu' pa'! *escl.* il cornuto di tuo padre! Esclamazione di origine livornese, la cui etimologia è direttamente legata al consequenziale insulto *la maiala di tu' ma'*. In modo ironico e sarcastico, si usa per apostrofare qualcuno, alludendo alla

B

presunta infedeltà della propria madre e, di conseguenza, alle corna del padre. L'espressione implica che il comportamento dissoluto della madre abbia portato il padre ad essere tradito e deriso. "*Ma che stai dicendo, 'r becco di tu' pa'? Non vedi che stai sparando cretinate?*"; "*Te ne pentirai, 'r becco di tu' pa'! Non la passerai liscia!*". Nella versione fiorentina, si parte invece dalla madre, anche qui per dar vita a una *ingrata consecutio* che investe tutto il nucleo familiare: **la maiàla di to' ma' e i' bécco di to' pa'**.

beghìna *s.f.* zitella, tirchia, vecchia impicciona. Donna che frequenta la chiesa. Non esiste al maschile, forse a voler sottolineare la maggiore inclinazione del sesso femminile alla pratica dell'interessarsi agli affari altrui. "*Non passiamo da qui, che quella beghina l'è sempre alla finestra e la 'un si fa mai i cazzi sua*" = "*Non passiamo da questa strada, perché quell'impicciona è sempre affacciata alla finestra e non si fa mai gli affari suoi*".

beòta *s.m.* e *agg.* come in italiano, persona tarda di mente e di ingegno, dura di comprendonio. Usato in sostituzione del banale idiota, si trova sia come sostantivo: "*Quello è proprio un beota*" che come aggettivo. "*Che faccia da beota…*"

bighellóne *s.m.* colui che bighellona, chi va a giro senza una meta, perditempo, vagabondo (anche nel senso di scansafatiche). Si usa sovente coi figli che non hanno voglia di studiare e che passano il tempo sul divano davanti alla televisione o al telefonino. "*Bighellóne!*"

bìschero *s.m.* 1) ingenuo, sprovveduto, scemo. Chi compie azioni tutt'altro che furbe, che provocano solo danno a se stesso; a Pistoia, il *bìschero*, il minchione, è invece un **piacciantèo**; 2) in senso scherzoso, viene utilizzato questo termine per indicare qualcuno che ha voglia di scherzare. "*Avere il bischero*" = *Essere in vena di scherzare*. "*Non fare il bischero*" = *Sii serio*. Il termine deriva dal nome della famiglia fiorentina dei Bischeri che si rifiutarono di vendere parte dei propri possedimenti al governo, disposto a sborsare una grossa somma per l'affare. Destino volle (si fa per dire…) che, poco tempo dopo, un incendio distruggesse ciò che non avevano accettato di vendere. E i Bischeri rimasero senza possedimenti e senza soldi; 3) termine usato a Firenze e Prato nell'espressione *a bischero sciolto*, vale a dire *a caso, in modo casuale, senza avvedutezza*; 4) il termine *bìschero* viene anche usato per denotare il pene.

boa marìna *m.d.d.* espressione livornese, composto da *boa* (un tipo di galleggiante) e *marìna* (del mare), che allude all'idea di un corpo voluminoso che galleggia sull'acqua. In modo ironico e non troppo gentile, si usa per indicare una donna (più raramente un uomo) in forte sovrappeso, con una corporatura voluminosa e abbondante. "*Guarda che boa marina, non si regge nemmeno in piedi!*". Anche nella varianti: **bòdda**, termine usato in modo simile a *boa marìna*, con una sfumatura più dialettale; **bòdda marìna**, più enfatica.

boccalóne *s.m.* chiacchierone, che parla a sproposito, che non riesce a mantenere segreti, piagnucolone. “*Chétati! Boccalóne!*” = *Taci! Chiacchierone!*

B

bòcco *s.m.* e *agg.* babbeo, fesso, stupido, credulone, semplicione; uomo da poco; persona tanto buona da apparire stupida. “*Ho prestato dei soldi a Gianni, ma ‘un me l’ha mai restituiti… / Tu se’ proprio un bocco!*”

bòia! *interc.* accidenti!, perbacco!, accipicchia!. È usata per esprimere 1) sorpresa: “*Boia, che spavento!*”; 2) meraviglia: “*Boia, che bella macchina!*”; 3) disappunto: “*Boia, ho perso le chiavi!*”; 4) rabbia: “*Boia, che disgrazia!*”. L’intonazione varia a seconda del sentimento che si vuole esprimere. In livornese → **bòia dé**

bòia dé *interc.* tipico del livornese, usato per svariati scopi, come 1) rafforzare un concetto: “*Boia dé, che caldo oggi!*”; 2) esprimere stupore: “*Boia dé, non ci credo!*”; 3) iniziare un discorso: “*Boia dé, te lo devo dire...*”; 4) dare particolare enfasi a una frase: “*Boia dé, questa è la volta buona!*”; 5) rimarcare un sentimento: “*Boia dé, che rabbia!*”

bòna Ugo! *m.d.d.* locuzione dell’area fiorentina e pratese, utilizzata come saluto frettoloso (forse più come liberazione), per staccarsi da una persona antipatica o per esprimere perplessità sulle affermazioni dell’interlocutore.

bordèllo *s.m.* 1) confusione, baccano → **casìno**; “*Metti in ordine la tu’ camera, c’è un bordello da fare schifo!*” = *Riordina camera tua, c’è una confusione terribile!*; 2) termine usato anche col significato di *grande quantità, esagerazione.* “*Sei* *stato ieri sera al concerto? Sì, c'era un bordello di gente."* = *Sei stato ieri sera al concerto? Sì, c'era tantissima gente.*

bòrso *s.m.* e *agg.* grassone; offesa che si rivolge a persona grassa e flaccida, palesemente fuori forma, sformata per il grasso in esubero. Sì usa solo al maschile, perché l'accezione femminile inevitabilmente richiama alla mente l'immagine di un involucro destinato a contenere oggetti, perdendo così il potere offensivo.

bòtolo *s.m.* persona bassa e grassa. Con intento spregiativo, e per rincarare la dose, si può aggiungere il suffisso *di merda*. "*C'è Pippo l'è diventato un botolo di merda!*" = *Pippo è ingrassato veramente troppo!*

botrìllo *s.m.* e *agg.* termine derivato da → **bottìno**, usato nel pisano per indicare una donna particolarmente brutta.

botrióne *s.m.* obeso, grasso, corpulento, pingue, tondo, paffuto. **1)** Persona di corporatura robusta, tendente all'obesità. "*Quel botrione di Mario ha fatto man bassa di dolci*"; **2)** individuo dal fisico abbondante e gioviale. "*Nonna Pina, con il suo grembiule a quadretti e le guance a botrione, era la regina della cucina*"; **3)** persona pigra e indolente, che si muove con fatica. "*Dopo ore di studio, mi sentivo un botrione: immobile e assonnato.*"

bottìno *s.m.* ingordo, vorace, smisurato, insaziabile, divoratore; fogna, pozzo senza fondo, canale di smaltimento; **1)** persona dal ventre insaziabile, capace di divorare quantità smisurate di cibo; "*Al* *pranzo di nozze, sembrava un vero bottino: ha mangiato tutto!*", "*Al ristorante, ha ordinato tre portate e un dessert: è un vero bottino!*"; 2) individuo avido e ingordo, che accumula beni materiali senza ritegno; "*Quella donna è un bottino: spende tutto in vestiti e gioielli, non s'accontenta mai.*"; 3) nel pisano, usato anche col significato di *merda, cacca. "Siamo nel bottino!" = Siamo nella merda!* Anche nelle varianti **bòtro** e → **botrìllo**.

bòzzolo *s.m.* persona grossa e goffa. Anche nell'accezione accrescitiva dispregiativa di **bozzolóne**. Nel dialetto pistoiese, una persona grossa e goffa è invece un **vòlgolo**.

brancicàre *v. tr.* toccare, tocchicchiare a sproposito, talvolta in modo maldestro, talvolta senza effettiva necessità, manipolare e, se possibile, spiegazzare. "*O che maglia ti se' messo? L'è tutta brancicata!*" = *Che maglia ti sei messo? È tutta spiegazzata!*

bracóne *s.m.* impiccione, inopportunamente curioso, che non si fa mai gli affari suoi; "*Oh, l'è sempre con l'orecchie dritte, qui' bracóne!*" = *Guarda, è sempre ad ascoltare, quell'impiccione!*

briào *s.m.* e *agg.* ubriaco, brillo, alticcio, ubriaco fradicio. Deriva da ubriaco con aferesi (perdita della vocale iniziale) e dileguo (perdita della consonante intermedia), comuni ai dialetti livornese e pisano (nonostante storicamente i due non stiano mai volentieri nella stessa frase). Si elencano i seguenti modi di dire: "*briào tegolo*", letteralmente "ubriaco come una tegola", indica uno stato di intossicazione

B

paragonabile a quanto assorbito da un tegolo sotto la pioggia; "*briào fradicio*", pone l'enfasi sull'ubriachezza, paragonata all'essere completamente inzuppati; "*briào mézzo*", indica uno stato di ebbrezza analoga alla precedente; "*briào di strizzo*", letteralmente "ubriaco da strizzare", suggerisce un'ubriachezza tale da poter strizzare l'alcol fuori dal corpo; "*briào di 'olo*", che significa talmente pieno di alcool che il corpo lo cola...senza essere strizzato; "*briào fisso*", indica un ubriaco cronico, costantemente in stato di ebbrezza. "*Non uscire con Marco stasera, è briao fisso!*"; "*Dopo la festa, era briao tegolo: barcollava e cantava a squarciagola.*"; "*Calma con il vino, stai diventando briao di strizzo!*"

brindellóne *s.m.* e *agg.* persona alta e goffa. Il termine deriva dal nome del tradizionale carro dello Scoppio del Carro della domenica di Pasqua a Firenze, chiamato appunto Brindellone. Si usa in espressioni di scherno nei confronti di persone molto alte, per le quali l'altezza stessa si traduce in difficoltà e impaccio. "*Bada che brindellone!*" = *Guarda che omone goffo e sgraziato!*

bròdo *s.m.* scemo, stupido, cretino, babbeo. Termine colloquiale utilizzato per indicare un individuo con scarsa intelligenza, considerato sciocco o poco sveglio. "*Hai visto che brodo che è quello? Non capisce nulla.*"

Bròzzi, Perétola e Càmpi son la pèggio genìa che Crìsto stàmpi *prov.* proverbio della zona di Firenze che fa riferimento a tre locali-

B

tà dell'area metropolitana fiorentina: Brozzi (nel proverbio talvolta sostituito da Sesto Fiorentino), Peretola e Campi Bisenzio. Il proverbio, in modo colorito e certamente stereotipato, suggerisce che gli abitanti di queste zone siano "la peggiore genia (stirpe, razza) che Cristo abbia mai creato". Proverbi come questo possono derivare da antiche rivalità tra paesi confinanti, da stereotipi locali o da eventi storici ormai dimenticati.

bucaiòla *s.f.* donna di facili costumi, prostituta. Anche donna che si accompagna a più uomini, senza compenso (→ **maiàla**). Il termine è usato anche come epiteto molto offensivo. "*La Tamara? L'è una bucaiola!*" = *Tamara? È una maiala!* L'espressione deriva verosimilmente dall'attitudine a concedere i propri *bùchi* (vaginale, anale e orale) senza riguardo.

bucaiòlo *s.m.* e *agg.* derivato da → **bùco** e spesso usato come sinonimo. Col termine *bucaiòlo* si tende anche a sottolineare l'attitudine ad accompagnarsi ad omosessuali per rapporti anali.

bùco *s.m.* omosessuale, di sesso maschile. L'etimologia del termine riconduce verosimilmente alla volontà spregiativa di sottolineare l'uso che l'omosessuale fa del proprio orifizio anale. In tal modo, per metonimia, l'omosessuale *non ha* più un buco (appunto l'orifizio anale) ma *diventa* il buco stesso, *tout court*. "*Dice che Carlo l'è buco, che sarà vero?*" = *Dicono che Carlo è omosessuale, sarà la verità?*

budèllo *s.f.* termine che deriva dal latino *botulus*, che significa salsiccia e, in italiano, indica le interiora, soprattutto di animali. Nella lingua livornese, è usato come sinonimo di grande puttana, regnando indiscusso nel modo di dire: "*'r budello di tu' ma'!*" = *La puttana di tua mamma.*

bùo punzóni *m.d.d.* con il buco del culo esposto al punzone, con l'ano esposto al fallo. Modo scherzoso e non offensivo, ma decisamente volgare e poco elegante, per denotare la posizione del corpo piegata a 90°; **1)** locuzione colorita utilizzata principalmente nel dialetto livornese, indica una posizione corporea con l'ano esposto alla penetrazione. È spesso impiegata in contesti informali per descrivere qualcuno che si trova in una postura particolarmente compromettente o vulnerabile. *"S'è chinata a buo punzoni per raccattà le chiavi e s'è visto ogniòsa!" = Si è chinata a 90° per raccogliere le chiavi e si è visto tutto!*; **2)** metaforicamente, l'espressione può essere usata per descrivere qualcuno che si trova in una situazione di totale sottomissione o disponibilità, magari per ottenere un vantaggio o evitare un guaio. *"Per ottenere quella promozione, gl'è toccato mettersi a buo punzoni!" = Per avere quella promozione ha dovuto accettare dei compromessi scomodi.* Varianti: "*a bùo ritto*", più comune e con un tono leggermente meno volgare; "*a pe'orìna*", derivato da pecora, locuzione che aggiunge un ulteriore strato di umorismo e volgarità; "*a buo di gallina*", variante pittoresca, probabilmente evocativa della postura di una gallina mentre beccheggia; "*a bùo lèvere*", usata meno frequentemente, ma sempre con la stessa connotazione di piegamento e vulnerabilità; e infine "*a bùo pillònzi*".

B

bùo rótto *m.d.d.* locuzione derivata da *bùco* (con dileguo della *c* in livornese), cioè orifizio anale, e *rotto*, alludendo a un ipotetico ripetuto utilizzo del suddetto orifizio da parte del soggetto. L'insulto è generalmente rivolto a un uomo, che si presume essere incline a subire rapporti anali, o a chi si vuole appellare di tale abitudine con intento offensivo. In tono scherzoso, ironico, è utilizzato per denigrare in modo goliardico la moralità o la virilità di un individuo, con riferimento a una presunta "perdita di consistenza" fisica.

buodiùlo *s.m.* buco del culo; carogna, disgraziato, infame, stronzo; **1)** persona malvagia, vile e spregevole; "*Quel tizio è un vero buodiulo: ha truffato tutti i suoi amici.*"; **2)** individuo odioso e repellente; "*Non voglio avere a che fare con quel buodiulo: è una pettegola e una bugiarda.*" **3)** espressione usata nel *m.d.d.* → **quadribuodiùlo di tu' ma'!** Qui l'insulto, di elevata potenza offensiva conferitagli dal moltiplicatore iniziale, esprime il massimo disprezzo e disgusto nei confronti della madre di un individuo particolarmente odioso o repellente, appellandola come poco di buono. "*Quel quadribuodiùlo di tu' ma'!*" = *Quella quattro volte puttana di tua mamma!*

buóna *s.f.* bucona, derivato da **bùco**, con l'aggiunta del suffisso accrescitivo *-na* che ne accentua la natura volgare. In senso figurato, assume il significato di omosessuale di sesso femminile, lesbica. Il termine è utilizzato per indicare una donna omosessuale, con intento palesemente denigratorio e discriminatorio. In espressioni gergali di estrema volgarità, come ad esempio la "*buona di tu' ma*"", assume un significato di insulto grave e offensivo verso la madre dell'interlocutore.

bùssolo *s.m.* cestino, spazzatura; termine col quale nel livornese si indica il contenitore, solitamente in plastica o metallo, utilizzato per la raccolta dei rifiuti urbani: "*Ricordati di portare fuori il bussolo della spazzatura!*". In senso figurato, ironico, indica una persona di aspetto poco attraente, dal fisico sgraziato o poco curato. Nella zona di Carrara, per indicare una eguale poco fortunata condizione del femminile è usata l'espressione **bòz**, derivata dall'italiano bozzo, acquitrino.

bùsta della Còppe *m.d.d.* sportina della Coop, letteralmente è il sacchetto della spesa (di un noto supermercato). In senso lato, il sacchetto della spesa rappresenta una delle cose più sgualcite esistenti. A Livorno, con questa espressione si denota una persona dall'aspetto trasandato.

buzzicóne *s.m.* da *bùzza* o *bùzzo*, cioè pancia. Persona grassa, soprattutto nell'area del ventre, a differenza di → **bòrso** il cui grasso in esubero interessa l'intero corpo, che appare visibilmente più flaccido. Lo stesso che *panzone*, o *pancione*. Espressione utilizzata quando ci si trova davanti a una persona dal ventre oltremodo pronunciato. Ad esempio. "*Oh, è arrivato il buzzicone!*".

buzzùrro *s.m.* persona rozza, cafona, villana. "*Che buzzurro che sei!*" = *Che rozzo che sei!* Termine che si usava dare in Toscana ai montanari che durante l'inverno scendevano dalla Svizzera per vendere caldarroste.

C

caaprànzi *s.m.* da *cacàre* (defecare) e *pranzi*, ossia i pasti di mezzogiorno. Modo colorito e poco raffinato per indicare l'orifizio anale.

caarèllo *s.m.* pavido, pusillanime, codardo, fifone, → **cacóne**; **1)** termine colloquiale, utilizzato in tono ironico o spregiativo, per indicare un uomo pavido, pusillanime, che ha paura di tutto e si spaventa facilmente. "*O di che ha' paura, caarello?*" = *Di cosa hai paura, fifone?*; **2)** in senso più ampio, può riferirsi a una persona insicura, timida, che non ha coraggio di affrontare le sfide della vita. "*È un caarello, non ha mai fatto nulla di importante nella su' vita.*"

caarìtto *s.m.* sbruffone, millantatore, vanitoso, arrogante, presuntuoso; **1)** termine colloquiale, utilizzato in tono spregiativo, per indicare un uomo di scarso valore, privo di qualità o di talento, che non sa fare niente, nemmeno le cose più basilari come → **cacàre**, defecare dalla posizione eretta, anziché da seduto. "*Quello non è altro che un caaritto, non* *sa fare nulla di buono!*"; 2) in senso più ampio, può riferirsi a un individuo arrogante, vanitoso, che si vanta di cose che non ha o che non sa fare. "*Non dargli retta, è solo un caaritto pieno di sé!*"

cacacàzzo *s.m.* rompiscatole, puntiglioso; persona che crea problemi e che dà fastidio, come lo darebbe in effetti l'atto di defecare un pene, soprattutto se in erezione. "*Stamattina in Comune, per rilasciarmi il permesso, quell'impiegato m'ha fatto mille domande, era proprio un cacacazzo!*"; anche **cacacàzzi**.

cacàre *v. tr. e intr.* defecare; 1) utilizzato con consuetudine, soprattutto tra i giovani, come sinonimo di considerare. "*L'è più d'un anno che le sbava dietro, ma lei la 'un lo caca*" = *La corteggia da più di un anno, ma lei non lo considera*; 2) infastidire. "*Non mi cacare il cazzo!*" = *Non mi scocciare!*; 3) nella sua forma intransitiva, usato come sinonimo di scontare, nell'espressione "*farla ricacare*". Si usa soprattutto quando la sorte di qualcuno, che si è approfittato di cose o persone traendone vantaggio, gli volta le spalle, provocando la perdita dell'ingiusto guadagno o una sorta di punizione. "*Non so quanto l'ha rubato, ma l'ha ricacata tutta, vai!*" = *Non so quanto abbia rubato, ma adesso l'ha scontata, non c'è dubbio!*; 4) nell'espressione "*far cacare*" è usato come sinonimo di essere cattivo, brutto, disgustoso (sia all'occhio che al palato): "*L'hai assaggiata la pasta? Fa cacare!*" = *Hai assaggiato la pastasciutta? È pessima!*; "*Ti garba la mi' amica? No, fa cacare*" = *Ti piace la mia amica? No, è bruttissima*; 5) nell'espressione "*andare a cacare*" è usato per mandare qualcuno in malora o a fanculo: "*Va' a cacàre, vai!*" = *Ma vaffanculo! = Ma vai in malora!*; 6) nella forma *rifl.* "*cacarsi addosso*" nel senso di avere paura: "*Domani c'ha l'esame, ma secondo me 'un ci va nemmeno, perché si caca addosso!*" = *Domani ha l'esame, ma secondo me non si presenta neanche, perché ha una paura tremenda!* 7) sbagliare, nel modo di dire "*cacare fuori dal vaso*".

cacóne *s.m.* pauroso, vigliacco, fifone, cagasotto. "*Gli ha fatto un urlo e gl'è scappato, qui' cacone!*" = *Gli ha urlato contro e lui è scappato, quel cagasotto!*

calìa *s.f.* noioso, → **uggióso**, lamentoso, piagnone, musone; termine colloquiale, utilizzato in tono dispregiativo, per indicare una persona noiosa, uggiosa, che si lamenta continuamente e che rende la vita difficile a chi le sta intorno. "*Mia zia è una vera calia, non fa altro che lamentarsi di tutto!*". Sinonimo di → **crostìno**.

cardèo *s.m.* termine usato a Pisa per riferirsi a uno zitello piuttosto in là con gli anni, attempato.

casìno *s.m.* 1) confusione, baccano, fracasso; "*Madonna che casino che c'è in questo bar!*" = *Accidenti che confusione che c'è in questo bar!*; usato col sinonimo di → **bordèllo**; 2) pasticcio, problema; "*Ieri è successo un casino. La Claudia gli ha detto che ha l'amante.*" = *Ieri è successo un pasticcio. Claudia gli ha detto di avere l'amante*; 3) situazione complicata e intricata; "*Ho provato a risolvere questo rebusse, ma l'è un casino di nulla...*" = *Ho provato a risolvere questo rebus, ma è molto* *complicato...* Il termine deriva dal nome col quale in Toscana venivano chiamate le case chiuse, luogo dove il continuo andirivieni degli avventori e delle meretrici, di gente che entrava e usciva dalle stanze, restituiva inevitabilmente un senso di confusione.

castróne *s.m.* termine del dialetto aretino col quale si identifica una persona maldestra e buona a nulla; nel senese si usa il termine **popóne**.

cautèrio *s.m.* cauterio; letteralmente, strumento incandescente che veniva usato per cauterizzare le ferite. In senso figurato, una persona molesta e uggiosa (→ **uggióso**); **1)** termine colloquiale, utilizzato in tono ironico o dispregiativo, per indicare una persona di salute cagionevole, che si lamenta continuamente dei propri malanni, reali o presunti. "*Mia madre è un vero cauterio, non fa altro che parlare dei suoi acciacchi!*"; **2)** in senso più ampio, può riferirsi a un individuo che ama piangersi addosso e che cerca di attirare l'attenzione sugli altri con le sue lamentele. "*Quella ragazza è un cauterio, è sempre triste e depressa.*"

cavolèlla *s.f.* cavolo verza; termine tipicamente senese, non certo lusinghiero, utilizzato per riferirsi a una persona con la testa completamente pelata. Oppure anche, e non più elegante, **capobùcchio**.

cazzabùbbolo *s.m.* termine usato tra Firenze e Arezzo per indicare sia una persona di poco valore, di poco conto, ma anche oggetti ritenuti di poca utilità o valore → **aggéggio**

cazzeggiàre *v. intr.* passare il tempo, se non addirittura le intere giornate, senza far niente di costruttivo, senza concludere, appunto, un cazzo. "*Oggi non ho proprio voglia di fare una sega, starò a casa a cazzeggiare*" = *Oggi non ho veramente voglia di fare niente, rimarrò a casa a non far nulla.*

C

càzzo rìtto 'un vo' consìglio *m.d.d.* il cazzo dritto non vuole consiglio, pene in erezione non necessita di istruzioni. Modo di dire fiorentino col quale si vuole evidenziare che quando una persona è dominata dal desiderio sessuale, non è incline ad ascoltare i consigli degli altri o a prendere decisioni ponderate, dal momento che il pene sa già da sé cosa c'è da fare. Il desiderio fisico, tratteggiato in modo esplicito e crudo dalla locuzione "*cazzo ritto*", è così forte da oscurare il giudizio e da rendere superfluo ogni suggerimento razionale. "*Mamma mia, ma che è andato a letto con quella brutta del ristorante? / Sì… l'avrà stuzzicato un po'… e dopo cazzo ritto 'un vo' consiglio!*" = *Accidenti, ma è andato a letto con quella brutta del ristorante? / Sì… lo avrà un po' stuzzicato… dopodiché non ha ragionato più e ci è andato!*

cazzóne *s.m.* incapace, buono a nulla, inconcludente, ma anche che manca di serietà. "*Lei l'è una gran lavoratrice, non ho capito perché la s'è sposata qui' cazzone!*" = *Lei è una gran lavoratrice, non capisco come abbia potuto sposare quel buono a nulla.*

cenciàio *s.m.* persona malvestita, trasandato, al limite del barbone. In passato, il cenciaio girava per i paesi con la bicicletta vendendo a poveri acquirenti vestiti smessi e logori, cappotti finiti e malridotti al punto di essere inutilizzabili, che aveva acquistato per pochi spiccioli da chi se ne voleva liberare. Spesso, lui stesso indossava gli stessi vestiti, il che gli conferiva un aspetto particolarmente trasandato. "*Oh Pippo, o che tu ti se' messo oggi addosso? Tu mi pari un cenciaio!*" = *Oh Pippo, con cosa ti sei vestito oggi? Mi sembri uno straccione!*

céppo *s.m.* stupido, rozzo, buono a nulla, duro di comprendonio, che non capisce nulla (→ **grùllo**); "*Tu se' proprio un céppo!*" = *Non capisci veramente niente!* Usato all'estremo, per denotare una persona che non capisce veramente nulla, nella sua forma accrescitiva **ceppicóne**, o, con dileguo livornese, **ceppióne**: "*Ceppicone!*" = *Testone! Zuccone!* Ad Arezzo si preferisce l'espressione **capóne**, con lo stesso significato.

c'hai 'n cardàno nella tèsta? *interr.* hai un cardano nella testa?; locuzione usata al pari di "ma sei matto?", "ti sei fritto il cervello?". Tale locuzione è dovuta al fatto che il cardano, parte del motore che ruota ad alta velocità, nel suo lavoro genera elevato calore, riscaldando appunto il cervello, fino a friggerlo.

chétati *imp.* taci; espressione veramente sgarbata e offensiva utilizzata per zittire in malo modo qualcuno; "*Chetati!*" = *Fai silenzio!*; nella versione più addolcita, si utilizza la forma interrogativa. Il senso è il medesimo, ma l'effetto è leggermente più garbato. "*Che ti cheti o no?*" = *Vuoi stare zitto o no?;* forma di rimprovero, questa, usata sovente coi bambini che parlano nonostante il preventivo invito a tacere.

C

chiappamèrlo *s.m.* acchiappa-merlo; espressione utilizzata per riferirsi a una persona inconcludente e perditempo; da acchiappare e merlo, attività che molto raramente porta al successo; "*Il capo ha affidato il progetto a chiappamerlo… siamo a posto!*" = *Il capo ha affidato il progetto a questo inconcludente… siamo a cavallo!*

chiòrba *s.f.* termine offensivo usato soprattutto tra Siena e Firenze per indicare la testa; "*Berto ha una chiorba che fa provincia!*" = *Roberto ha una testa grossissima!*; si usa anche l'accrescitivo **chiorbóne**, nel caso se ne voglia sottolineare ulteriormente la grandezza oppure il fatto di essere di fronte ad un vero e proprio testone, duro di comprendonio. "*Sì, proprio un bel chiorbone!*" = *Sì, una testa veramente grossa;* usato anche in senso non dispregiativo col significato di bel cervello, bella testa. "*S'è laureato in astrofisica col massimo dei voti… bel chiorbone, eh?*" = *Si è laureato in astrofisica col massimo dei voti… bel cervello, vero?*

ciabattóne *s.m.* 1) persona di poca eleganza, sciatta e arruffona, senza stile, disordinata, trascurata nel vestire; "*Come tu' se' ciabattone costì!*" = *Come sei trascurato!*; 2) persona che ha poca cura delle cose, che tratta le cose male.

ciaccióne *s.m.* impiccione; al pari del → **bracóne**, ma che, in aggiunta, si intromette in discorsi che non gli appartengono; "*L'è sempre a mette' bocca, qui' ciaccione!*" = *Quell'impiccione mette sempre bocca!*

cialtróne *s.m.* cialtrone; persona sciatta, nel vestire o nell'operare, solitamente trasandata; arraffone, → **ciabattóne**, abborraccione (→ **abborracciàto**). "*Guarda qua che troiaio che t'ha' fatto… tu sei proprio un cialtrone!*" = *Guarda che schifezza che hai fatto… sei proprio un arruffone!*

ciàna *s.f.* pettegolezzo, ma anche chi lo riporta (pettegola); solitamente riferito alle classiche massaie che (s)parlano delle comuni conoscenze; "*La Mirella m'ha raccontato una ciana da non credere!*" = *Mirella mi ha raccontato un pettegolezzo incredibile!*; "*La Carla l'è una ciana di nulla, ce n'ha sempre per tutti…*" = *Carla è una pettegola matricolata, ha sempre qualcosa da dire per tutti…*

ciantèlla *s.f.* ciabatta, pantofola, sandalo, scarpa vecchia, scarpa consunta; **1)** termine colloquiale, utilizzato in tono ironico o scherzoso, per indicare una ciabatta, una scarpa vecchia e consumata, spesso usata come pantofola in casa; **2)** in senso figurato, può riferirsi a piedi grandi e sproporzionati. "*Ha' visto Mario che ciantelle? Le paian' du' barche!*" = *Hai visto Mario che piedi che ha? Sembrano due barche!*

cibèca *s.f.* termine esistente solo al femminile, che nel dialetto aretino indica donna chiacchierona e buona a nulla, buona solo a chiacchierare, una → **ciàna**.

cicàla *s.f.* termine usato a Firenze con il significato di **1)** organo genitale femminile; **2)** indica anche una bella ragazza. "*Hai visto quella che cicala?*" = *Hai visto quella che fica?* → **pàssera**

cignàle *s.m.* deriva da cinghiale. Persona rozza

con modi sgarbati da provinciale, per niente delicata e priva di tatto: "*O che spingi, cignale!*" = *Ma cosa spingi, cafone!*

cìnci *s.m.* organo genitale maschile, pene, pisello. Termine di uso frequente con i bambini. Usato anche quando si vuole evitare di essere volgari, pur facendo comprendere perfettamente quale sia la volgarità taciuta. "*Ora m'hai rotto i' cinci...*" = *Adesso m'hai rotto il cazzo...* A Siena, il *cinci* è anche chiamato **biridèndere** oppure **pistàcchio**.

ciòcce *s.f.* indica il seno di una donna, tette. "*Guarda quella che ciocce che la c'ha!*" = *Guarda quella che mammelle che ha!* Usato anche al pari di "*E capirai!*" nell'espressione "*Tirarsi su le ciocce*", quando ciò che l'oratore propone come grande impresa o grande successo, appare all'ascoltatore roba da nulla. "*Oggi ho fatto l'erba ai' mi' giardino. / Ma se sono 30 metri... tirati su le ciocce!*" = *Oggi ho tagliato l'erba del mio giardino. / Ma saranno 30 metri... capirai!*

citrùllo *s.m.* sciocco, con poco cervello. "*Sei proprio un citrullo!*" = *Sei davvero uno sciocco!* Famosa la città di Acchiappacitrulli di *Le Avventure di Pinocchio*, nata dalla fantasia del fiorentino Carlo Collodi.

ciùco *s.m.* asino, persona ignorante, di scarso ingegno, incapace che non capisce nulla; termine usato soprattutto coi bambini e i ragazzi per indicarne la poca attitudine allo studio o scarsità a scuola. "*Tu sei un ciuco!*" = *Non capisci nulla!*; termine usato nei modi di dire offensivi. **1)** "*Dare le caramelle a* *un ciuco*" = fare qualcosa per qualcuno che non è in grado di apprezzarla; 2) "*Essere ignoranti come ciuchi*" = Essere rozzi e ignoranti; 3) "*Far del bene ai ciuchi*" = Fare qualcosa di buono per qualcuno che non la merita.

C

cogliómbero *s.m.* il significato è quello di coglione, ma l'intento è quello di non essere eccessivamente offensivi, pur rendendo bene l'idea di ciò che si vuole dire. "*Ho conosciuto i' marito della Katia. L'è proprio un cogliombero...*" = *Ho conosciuto il marito della Katia. È proprio un coglione.*

cóncio *s.m.* tipo di concime formato da sterco di animale misto a paglia. 1) Dare del *concio* a qualcuno è come dirgli che è fatto di merda; 2) fare del *concio* significa combinare un guaio, mettersi (o mettere) nella merda; 3) usato in senso sarcastico nel modo di dire: "*Essere fini come una palata di concio" = Essere raffinati come una palata di letame*, per sottolineare la rozzezza di qualcuno; 4) usato come verbo al participio passato nell'espressione "*O come tu se' concio?*" = *Come ti sei conciato?*

cos' t'ha 'n testa, le borbat'le? *interr.* cos'hai in testa, le falene? Modo di dire del dialetto carrarino, usato per riferirsi a una persona che si ritiene essere particolarmente stupida. L'efficacia dell'insulto risiede nell'effetto scenico reso dall'immagine delle falene (*borbat'le*) che svolazzano al buio, sbattendo contro le pareti di una scatola cranica priva di cervello.

còso *s.m.* nei dialetti toscani, il termine *còso* è un po' un *passe-partout* per tutte le esigenze, la parola adatta per ogni occasione, che sta bene su tutto, un po' come il nero. Il termine *còso* è usato **1)** per indicare qualcuno di cui non si conosce, o non si ricorda, il nome. "*Che c'è anche coso stasera? L'amico di Franco?*" = *C'è anche quello là stasera? L'amico di Franco?*; **2)** per riferirsi a qualcuno del quale, pur conoscendone il nome, se ne vuole sminuire l'immagine. "*Ha detto che ci pensa coso, lì... siamo a posto!*" = *Ha detto che ci pensa lui lì... siamo a posto!*; **3)** per riferirsi a una cosa di cui non si conosce il nome, o della quale non lo si ricorda. "*Prendimi quel coso giallo in veranda, ven via, 'un mi fare alzare...*" = *Prendimi quella cosa gialla in veranda, dai, non farmi alzare...*; **4)** per riferirsi direttamente a una persona, con l'intento di evidenziare le proprie intenzioni poco pacifiche. "*Da' retta, coso...*" = *Ascoltami bene amico...*

crostìno *s.m.* oltre ad essere un antipasto formato da una fetta di pane con sopra sughi o salse di varia natura, a Firenze e dintorni, il crostino è una persona noiosa, pedante, che si lamenta spesso dei suoi malanni, sia reali che immaginari. "*Tu se' proprio un crostino!*" = *Sei veramente una scocciatura!*

culidònia *s.f.* nell'immaginario collettivo livornese esiste un paese, appunto immaginario, dalle coordinate indefinite ma sicuramente situato molto, molto lontano: questo paese è denominato *Culidònia*, o anche *Culònia*. Nella lingua livornese, ci si riferisce al paese di Culidònia in modo scherzoso, per indicare un luogo indefinito, sconosciuto oppure estremamente distante. Così, se si vuole sottolineare il fatto che l'interlocutore abita molto lontano, gli si dice: "*Ma 'n dove stai di 'asa, 'n culidonia?*" = *Ma dove abiti, in capo al mondo?* Nella lingua fiorentina, al suo pari si usa → **moncùli**, con lo stesso identico significato e utilizzo. Interessante come, per indicare un luogo estremamente remoto, in entrambi i dialetti vi sia un chiaro richiamo al culo!

C

curéggia *s.f.* scorreggia, peto; anche **curréggia** o **scuréggia**; **1)** emissione (perlopiù rumorosa) dall'ano di gas intestinali. "*Mi scappa una cureggia, la fo?*" = *Mi scappa una scoreggia, la faccio?*; nel caso accrescitivo, prende il maschile e diventa *cureggióne*. "*Ha tirato un cureggione che hanno tremato i vetri delle finestre!*" = *Ha fatto una scoreggia talmente forte che i vetri delle finestre hanno tremato!*; **2)** persona o cosa di poco o alcun valore o durata. "*Carlo? Come pianista 'un vale una cureggia*" = *Carlo? Come pianista non vale niente*; "*Ho acceso i' foco, ma l'è durato una scureggia e s'è spento*" = *Ho acceso il fuoco, ma è durato un secondo poi si è spento.*

D

dàre di bàrta *m.d.d.* ribaltare; utilizzato col significato di impazzire, ammattire, dare di matto, nell'espressione "*T'ha da'o di barta i'cervello?*" = *Ti si è rivoltato il cervello?, Sei impazzito?*

dàre i cioccolatìni ai maiàli *m.d.d.* dare perle ai porci, offrire qualcosa di buono a qualcuno che non è capace di riconoscerne la qualità; in senso più esteso, fare qualcosa per qualcuno che non è in grado di apprezzarla, analogo a dare le caramelle a un → **ciùco**.

dàre i' pàne a fétte *m.d.d.* picchiare qualcuno, a fare del male. Si dice: "*E' te lo do io i' pane a fette*!" = *Ora te le do ben bene!* quando si vuole minacciare qualcuno di picchiarlo.

diàcciati! *escl.* calmati!, fredda i bollenti spiriti! Deriva da *diàccio*, che poi è il ghiaccio. Espressione utilizzata per esortare qualcuno a calmarsi e/o a ridimensionare il proprio comportamento: "*Oh! Diacciati subito, ch'ha' capito?*" = *Ehi! Datti subito una calmata, capito?*

D

diobòno! *escl.* dio buono; esclamazione usata: **1)** al pari di "accidenti!", sia come rimprovero, che per constatare l'eccezionalità di qualcosa. "*Stai un po' attento, diobono!*" = *Stai attento, accidenti!*; "*Sai che ho vinto 100 euro? Diobono!*" = *Sai che ho vinto 100 euro? Accidenti!*; **2)** al pari di "certamente!". "*Che vieni stasera alla cena? Diobono!*" = *Ci sei stasera alla cena? Certamente!*

dóddo *s.m.* tardo, persona un po' lenta di comprendonio, persona che "dorme" e il cui pensiero è sistematicamente in ritardo rispetto agli altri. "'*Un glielo stare nemmeno a spiegare a qui' doddo...*" = *Non perder tempo a spiegarlo a quell'addormentato...* In senso più amichevole e meno offensivo, è usato l'*acc.* **dodderellóne**. "*Ch'ha' capito stavolta, dodderellone?*" = *Questa volta hai capito, grullerello?* Usato nella locuzione "*fare da doddo*", con il significato di fare il finto tonto.

du' bòcce *m.d.d.* due mammelle, due seni. Termine gergale fiorentino, decisamente poco elegante e raffinato, usato in senso ironico e scherzoso, per indicare un seno femminile grande e sodo. "*C'era una alle poste oggi, ave'a du' bocce...!*" = *Oggi all'ufficio postale c'era una donna con un seno grande e sodo!*

E

e 'n po' di 'ulo ner fòglio 'un lo vòlete? *interr.* e un po' di culo su un foglio non lo volete? Analoga all'espressione usata praticamente in tutta Italia "vuoi anche una fetta di culo?" Espressione idiomatica labronica, usata 1) di fronte a un evento, solitamente a una richiesta (più o meno implicita), che si palesa essere di entità notevolmente superiore alle aspettative. *"Boia, che conto! E 'n po' di 'ulo ner foglio 'un lo volete?" = Accidenti che conto! E una fetta di culo no?*; oppure 2) a seguito si una sequela di richieste di entità sempre maggiore. *"Allora, mi deve portare, copia del documento, una marca da bollo da 16 euro, copia del bollettino pagato, le dichiarazioni dei redditi degli ultimi tre anni e l'estratto dell'atto di matrimonio. / Boia! E 'n po' di 'ulo ner foglio 'un lo volete?"*. Con questa espressione, la creatività del livornese si cristallizza nell'attenzione verso la *mise en place* della *porzione di deretano*, la quale deve essere servita su un foglio, verosimilmente quello delle *pizzicherìe* (così si chiamano in Toscana i negozi di alimentari), al pari di come il *pizzicagnolo* farebbe con qualche fetta di prosciutto o di salame.

èsci! *escl.* spostati, togliti; espressione poco elegante per chiedere (meglio, intimare) a qualcuno di spostarsi. "*Esci*!" = *Spostati!*, oppure "*Che ti levi o no?*" = *Ti sposti o no?* Utilizzata al pari di → **sòrti!**

esòso *agg.* noioso, petulante, insopportabile; termine di per sé offensivo, ma spesso usato in tono leggero con chi si ha confidenza, giusto per portare a conoscenza l'altro di quanto sia pesante il suo comportamento. "*Mammina come tu' se' esoso oggi!*" = *O mamma come sei insopportabile oggi!* → **uggióso**

èsse' der gàtto *m.d.d.* essere del gatto, essere in trappola, restare fregati. Come quando il topo finisce nella bocca del gatto.

èssere i' più bèllo di' paniére *m.d.d.* locuzione ironica e scherzosa, tipica del gergo fiorentino, usata anche per schernire qualcuno che crede di essere superiore agli altri, in particolare in termini di bellezza o di valore. "*Guarda un po' chi si crede di essere, i' più bello di' paniere! Se la tira come se fosse un dio!*" = *Guarda un po' chi si crede di essere, il più bello del paniere! Si crede chissà chi!*

F

fa ca'à ar maiàle *m.d.d.* fa cagare al maiale, fa schifo; espressione colloquiale utilizzata per esprimere il proprio dissenso circa il gradimento di qualcosa. "*Hai visto la nuova macchina di Mario? / Sì, fa ca'à ar maiale!*" = *Hai visto la nuova macchina di Mario? / Sì, è veramente bruttissima*.

fàcile fa' 'r finòcchio cor cùlo di vell'àrtri *m.d.d.* È facile fare il finocchio con il culo degli altri; fuor di metafora, lo si dice quando qualcuno propone un azzardo la cui responsabilità ricadrebbe su terze persone.

fàcile trombà cor pìpi rìtto *escl.* facile trombare con il pene in erezione. Espressione che viene indirizzata a un soggetto che si vanta di fare cose arrogandosi meriti che forse non detiene. Per fare un esempio: lo si dice quando un lavoro duro e cavilloso è stato fatto da altri e il soggetto in questione si limita a consegnarlo, prendendosi tutti i meriti e spacciandosi per l'unico responsabile. E qui il paragone con l'atto amoroso fa immaginare una persona che salta tutta la fatica della conquista di una donna, nonché dei preliminari, e che arriva già al fatto compiuto.

fàlla finìta! *escl.* smettila! Sinonimo di → **abbòzzala**

fàrda *s.f.* puttana. Il termine viene utilizzato principalmente per insultare o denigrare, spesso con un tono scherzoso o sarcastico, ma può essere anche molto offensivo, a seconda del contesto e del tono di voce. Usato nelle espressioni: "*farda di 'asino*" = *puttana di casino*, locuzione derivata dal fatto che a Livorno vi erano i famosi Casini di Ardenza, vere e proprie case chiuse i cui prestigiosi edifici ancora oggi fanno bella mostra di sé sul lungomare di Viale Italia; "*farda smessa*", una prostituta che ha smesso di esercitare il mestiere, spesso con accezione dispregiativa nei confronti dell'età o dell'aspetto fisico.

fàre cóme i' càzzo alle vècchie *m.d.d.* comportarsi come un cazzo davanti alle vecchie, non produrre alcun effetto. Modo di dire poco raffinato col quale si sottolinea che un'azione compiuta è stata vana e che non ha prodotto effetto: "*Ce l'hai messo il solvente per sciogliere il colore? / Sì, ma gl'ha fatto come i' cazzo alle vecchie!*" = *Hai utilizzato il solvente per rimuovere il colore? / Sì, ma non è servito a nulla!*

fàre nòcciolo *m.d.d.* rimanere bloccati nell'atto della penetrazione. → **nàtta**

fàre ònco ai bái céi *m.d.d.* far schifo anche ai bachi ciechi; espressione livornese per schifare malamente qualcuno o qualcosa, che fa vomitare (*ònco* = "vomito") anche un essere inutile e poco apprezzato (come i *bài céi* = "bachi ciechi").

fàre un serviziétto *m.d.d.* offrire una prestazione sessuale a qualcuno, solitamente una fellatio. "'*Un te lo faresti fare un servizietto da quella là?*" = *Tu non te lo faresti fare un pompino da quella là?*

F

farfallóne *s.m.* donnaiolo; uomo che prova con ogni donna, passando dall'una all'altra, con la stessa leggerezza con la quale una farfalla vola di fiore in fiore; ciò che rende dispregiativo il termine è l'implicito fastidio che il donnaiolo arreca a ciascuna di esse. "*La Paola stasera sorte con Gianni. Ma che lo sa che l'è un farfallone?*" = *Stasera Paola esce con Gianni. Ma è al corrente del fatto che lui è un donnaiolo?*

fàrla in bàrba *m.d.d.* riuscire a fare o a ottenere qualcosa a dispetto (*in barba*) di un divieto posto da qualcuno. La barba in questione è proprio quella di chi ha posto il divieto e *fargliela in barba* ha il senso di *fargliela sotto il naso, davanti*.

fàva *s.f.* termine universale, usato in tutta la Toscana con lo stesso identico significato e nella stessa forma dialettale, per indicare il baccello e, per estensione, il pene; **1)** testa di cazzo. La fava, rigorosamente al femminile, indipendentemente dal fatto che ci si riferisca a un uomo o a una donna, è una persona scema, imbranata, che pecca di maturità, poco scaltra, poco intelligente. "*Tu se' proprio una fava, sai?*" = *Sei veramente uno scemo, sai?*; **2)** espressione usata anche col significato di "No davvero!" oppure "Nemmeno per sogno!" nell'espressione: *"La fava!"; es. "Ti è arrivato il rimborso dall'assicurazione? Seee… la fava!"*. Molto simile a → **baccellóne**

fìa *s.f.* fica; tipa, ragazza. La pronuncia varia per gruppi di province (*fìa* per il triangolo Livorno, Pisa, Pistoia; *fiha* per il triangolo Firenze, Prato, Siena; *fica* per l'area Arezzo – Grosseto), ma il senso rimane il solito. Il termine è colloquiale ed è usato per riferirsi a una ragazza o una giovane donna. È l'equivalente di "ragazza" o "tipa" in italiano standard. Può essere utilizzato in vari contesti, spesso con un tono affettuoso o informale, non offensivo, ma neppure elegante, da usare esclusivamente con persone con le quali si ha intimità. *"Quella fia è proprio simpatica." = Quella ragazza è davvero simpatica; "Stasera esco con una fia che ho conosciuto al bar." = Stasera esco con una ragazza che ho conosciuto al bar; "Hai visto che fia c'era alla festa?" = Hai visto che ragazza c'era alla festa? Oppure: (detto livornese) "la fia ti fa, la fia ti sfa" = riferito ai maschi: si nasce dalla fia, si muore andando dietro alla fia"*

fiaccheràio *s.m.* cocchiere, colui che guida la carrozza. Il termine deriva da una rimessa parigina dove, già nel XVII secolo, si noleggiavano carrozze che da Saint-Fiacre portavano al santuario di Meaux. Per i toscani non fu difficile adattare il termine *fiacre* al più semplice e musicale *fiàcchere*. Oggi, di carrozze per le vie delle grandi città toscane, se ne vedono ben poche, e quelle poche sono destinate ai turisti che vogliono regalarsi una visita guidata speciale tra le strade del centro. Ma nei ricordi degli autoctoni più anziani, e nelle storie che i più giovani si sono visti tramandare, l'immagine del fiaccheraio è quella di una persona che impreca e bestemmia contro i pedoni che inevitabilmente gli intralciano la strada. Pertanto, dare del fiaccheraio a qualcuno è come dargli del rozzo, cafone e maleducato. "*Maremma cane! O cosa è sortito da codesta bocca? Che se' un fiaccheraio?*" = *Maremma cane, cosa ho sentito uscire dalla tua bocca! Sei forse un volgare cocchiere?*

F

ficóso *s.m.* termine usato un po' in tutta la Toscana, con le debite smussature dialettali locali (ad esempio, a Pisa e Livorno è **fiòso**, a Firenze diventa **fihóso**); 1) lamentoso; utilizzato per indicare una persona che si lamenta sempre, alla quale non va mai bene nulla. "*Fa' poco il fihòso e mangia!*" = *Non rompere tanto le scatole e mangia!* 2) schizzinoso, che si schifa nel dover fare qualcosa. "*Da questo bicchiere tu c'hai bevuto te, mamma, e io 'un ci bevo! 'Gnamo, fa' poco i' fihoso e bevi!*" = *Da questo bicchiere ci hai bevuto tu, mamma, e io non ci bevo. Coraggio, non fare lo schizzinoso e bevi!*; 3) da qui, il *m.d.d. fare fichi*, nel senso di *fare storie*, di tirarla per le lunghe al fine di evitare di fare qualcosa. "*No, 'un lo tocco nemmeno, l'è tutto sporco e mi fa schifo! / Mammina quanti fichi fai…*" = *No, non lo tocco nemmeno, è tutto sporco e mi fa schifo! / Mamma mia quante storie fai…*

figùra cacìna *m.d.d.* figuraccia, figura meschina, imbarazzante, figura di merda. "*Aveva portato il vino per la cena. Oh, ma lo sai che a fine, siccome 'un se l'era be'uto nessuno, se l'è riporta'o a casa?*

Che figura cacina...!" = *Aveva portato il vino per la cena. Ma sai che alla fine, siccome nessuno lo aveva bevuto, si è riportato a casa la bottiglia? Che figura meschina...*

fiorentìni cièchi, senési màtti, pisàni traditóri, lucchési signóri, maremmàni Dio ne scàmpi i càni *prov.* proverbio toscano che è chiaramente espressione popolare delle antiche rivalità e delle percezioni stereotipate tra le varie città della regione. Ogni città ha sviluppato una propria identità culturale, spesso in contrasto con le altre, alimentando così aneddoti, detti e proverbi che mettono in luce queste differenze con un pizzico di umorismo e malizia. I fiorentini vengono descritti come *ciechi*, verosimilmente per la loro arroganza e presunzione che, secondo il proverbio, li renderebbe ciechi alle qualità degli altri e ai propri difetti; i senesi sono definiti *matti*, con buone probabilità per la loro eccentricità o esagerata passionalità, particolarmente evidente nel loro fervore per il Palio di Siena; i pisani vengono invece etichettati come *traditori*, una fama storica legata alle millenarie rivalità marittime e agli antichi intrighi politici; i lucchesi sono considerati invece *signori*, ovvero persone nobili e dignitose, perché Lucca ha una storia di indipendenza e prosperità economica che ha contribuito a questa percezione positiva; infine, i maremmani sono descritti come così rozzi o selvaggi che *Dio ne scampi i cani*, vale a dire "Dio salvi anche i cani dalla Maremma", espressione che riflette l'immagine di una regione selvaggia e incontaminata, popolata da persone rudi.

finìre a bùco rìtto *m.d.d.* 1) cadere con la bocca in terra e col buco (del culo) in su, sporgente. "*L'è andato giù e l'è finito a buco ritto*" = *È caduto, finendo con la faccia a terra*; anche **finìre a → bùco pillónzi**, oppure **a boccóni** (in questo caso, l'attenzione è focalizzata sulla posizione della bocca, e quella del culo la si determina per ovvia deduzione); 2) per estensione andare in malora, andare in rovina, finire male; letteralmente finire con il buco esposto alle minacce del mondo e rimanerne inevitabilmente vittima. "*Ave'a un negozio che vende'a un monte, ma poi l'è arrivato internèt e l'è fini'o a bu'o ritto*" = *Aveva un negozio che vendeva tanto, ma poi, con l'arrivo di internet, è andato in rovina.*

finòcchio *s.m.* omosessuale, anche → **bùco**. Nel carrarese si dice **f'nòz**.

fòrte cóme l'acéto *m.d.d.* usato in senso sarcastico per riferirsi a qualcuno o qualcosa totalmente privi di forza, di simpatia o carisma. "*Son felice che stasera viene anche Patrizio, l'è forte. Seee... come l'aceto!*" = *Sono contenta che stasera ci sia anche Patrizio, è forte. Seee... come l'aceto!*

frallafìa *m.d.d.* fra la figa; in mezzo alle gambe. Espressione livornese il cui corrispettivo maschile è *frallepalle*; 1) locuzione colorita e poco fine, ma non offensiva, utilizzata per indicare qualcosa o qualcuno che sta sempre tra i piedi, che sta nel mezzo, disturbando o intralciando le normali attività. "*Luilì è sempre frallafia!*" = *Quello lì è sempre tra i piedi!*; 2) espressione utilizzata per indicare l'atto di tenere o di custodire, qualcosa o qualcuno vicino a sé per evitare problemi o perdite: "*Ho perso il portafoglio... / Se lo tenevi frallafia non succedeva!*" = *Ho perso il portafoglio… / Se lo tenevi al sicuro non succedeva!*

fruffrù *s.m.* effeminato; termine aulico per indicare i biscotti wafer, ma anche per riferirsi a un uomo con atteggiamenti particolarmente femminili. "'*Un ti sembra un po' fruffrù quello là?*" = *Non ti sembra un po' effeminato quello là?*

furbétto di quartiére *m.d.d.* appellativo attribuito a chi si considera particolarmente furbo, astuto e sagace, ma che agli occhi di tutti è considerato un gretto provinciale. "*Zitti, zitti! Arriva il furbetto di quartiere!*"

G

gagà *s.m.* damerino; espressione sarcastica con la quale si identifica una persona che ostenta eleganza nel vestire, nei modi e nell'eloquio al punto di diventare pesante; spesso tale ostentazione è atta a mascherare proprio la povertà di tali virtù. "*L'è proprio un gagà!*" = *È davvero un damerino!*

gàggio *s.m.* utilizzato per dare del furbo a una persona che in realtà è un allocco, una persona un po' sciocca, che si lascia raggirare facilmente, in particolar modo al gioco. "*S'è messo a i' tavolo con tre o quattro gaggi e l'ha pelati tutti!*" = *Si è seduto al tavolo da gioco con tre o quattro allocchi e gli ha preso tutti i soldi!*

gàno *s.m.* bullo, spaccone. "*Fa' poco i' gano costì!*" = *Vedi di non fare il bullo!* Il termine deriva dal nome del personaggio di una celebre trasmissione radiofonica fiorentina, nata negli anni '50 del secolo scorso, intitolata *Il Grillo Canterino*. Lì, Gano, il duro di San Frediano, era uno spaccone, forte coi più deboli e debole con i forti.

gànzo *s.m.* e *agg.* 1) *agg.* bello, piacevole, riferito a cosa che riscuote ampia approvazione, forte, o a persona in gamba. "*Che ganzo che è questo film!*" = *Che forte che è questo film!*; "*Ho conosciuto Enzo, l'è proprio un ganzo!*" = *Ho conosciuto Enzo, è proprio una persona in gamba!* 2) *s.m.* chi fa il furbo, chi si approfitta di una situazione. "*Guarda quello come ha fatto i' ganzo! Ha saltato tutta la coda!*" = *Guarda quello come ha fatto il furbo! Ha saltato tutta la coda!* Anche *dim.* **ganzìno**. "*Torna 'n dietro, vieni, fa' poco i' ganzino!*" = *Torna al tuo posto, guarda, fai poco il furbetto!* 3) *s.m.* amante. "*Visto? La s'è fatta i' ganzo!*" = *Visto? Si è fatta l'amante!*

G

garbàto *s.m.* e *agg.* persona che usa garbo, buoni modi, educazione; in senso sarcastico, appellativo per indicare qualcosa di non buono, qualcuno appunto di poco garbo, inaffidabile. "*I figlioli me li bada la Claudia. Ohi ohi! Garbata quella…!*" = *I miei figli li guarda Claudia. Ohi ohi! Buona quella…!*

gasàto *s.m.* e *agg.* persona boriosa, che si crede meglio degli altri, che crede di essere migliore, pallone gonfiato. "*Mamma mia Paolo che gasato che è…!*" = *Mamma mia che borioso che è Paolo…*

gavinóso *s.m.* e *agg.* termine usato a Livorno unicamente in forma di antifrasi, per contrapporsi a bello, attraente, ben vestito, ben acconciato. Quella di porsi verbalmente di fronte al peggio per evidenziare il meglio, è caratteristica tutta labronica.

ghiòga *s.f.* epiteto che a Livorno viene rivolto a chi

ha la testa molto grande. *"Guarda luilì che ghioga c'ha, dé!" = Che gran testa ha quella persona là!*

ghiòzzo *s.m.* e *agg.* persona zotica e ottusa. Sia dialetto livornese che pisano.

gingillóne *s.m.* e *agg.* perditempo, che arriva con lentezza al termine di un'attività perché durante la sua esecuzione si perde in altre cose. *"Se tu v'oi fa' alla sverta, 'un chiedere a Aldo, che l'è un gingillone matricolato!" = Se vuoi fare rapidamente, non ti rivolgere a Aldo, che è un perditempo numero uno!*

gli stiantàsse i' còre *m.d.d.* gli scoppiasse il cuore. Formula augurale labronica di sventura, con cui si auspica che il destinatario possa essere colpito da un malore cardiaco fulminante, usata al pari di "gli venisse un colpo!". Tale poco garbato intento augurale può essere inviato per i motivi più svariati, dote questa che lo rende adatto ad ogni occasione.

gónzo *s.m.* e *agg.* fessacchiotto, incline a farsi imbrogliare; *"T'hanno fregato un'altra volta? Sei proprio un gonzo..." = Ti hanno raggirato ancora una volta? Sei proprio un fessacchiotto...*

gòra *s.f.* macchia, di liquido versato sul pavimento o, più spesso, di sudore. *"C'ave'a certe gore sotto 'bracci che 'un si pote'a guardare!" = Aveva delle macchie così grandi sotto le braccia, che risultava difficile poter continuare a guardarlo!*

grattamùri *s.m.* persona trasandata e svogliata, scansafatiche, che passa la giornata appoggiata a un muro, a non far niente. *"La mamma di Alberto la m'ha chiesto se lo prendo a lavorare con me, ma l'è un grattamuri, come fo?" = La madre di Alberto* *mi ha chiesto di assumere suo figlio, ma, come faccio... è un grattamùri!*

grandiglióne *s.m.* bambinone, da *grande* (grande) e *-glione* (suffisso accrescitivo dispregiativo). Termine labronico ironico e bonario, ma potenzialmente offensivo se usato in modo dispregiativo, riferito a un ragazzo anagraficamente ben cresciuto, o a un uomo adulto che, nonostante l'età anagrafica, dimostra comportamenti, atteggiamenti o interessi tipici dell'infanzia o dell'adolescenza. "*Ha trent'anni ma è un vero grandiglione*" = *Ha trent'anni ma è rimasto un bambinone*.

grézzo *s.m.* e *agg.* cosa o persona poco pura, non raffinata, non lavorata o elaborata; nella lingua toscana indica una persona poco avvezza alle buone maniere, rozza, oppure trasandata nel vestire, nel parlare, o nei modi. "*Ieri sera Giovanni è stato tutto il tempo con le dita nel naso, quel grezzo!*". Ad Arezzo, la persona grezza nei modi, grossolana, è chiamata **manàvero**.

grùllo *s.m.* e *agg.* **1)** persona tarda di mente, che capisce poco o nulla, anche → **bìschero**. "*Gliel'ho spiegato, ma 'un capisce mica nulla, qui' grullo...*" = *Ho provato a spiegarglielo, ma non capisce nulla, quel tardo...* **2)** usato anche in senso scherzoso e insieme affettuoso, in espressioni del tipo. "*Che grullo tu sei!*" = *Che sciocchino che sei!*

gufàre *v. intr.* fare discorsi di malaugurio, portare sfortuna, portare male a qualcuno, augurarsi che le cose vadano male a qualcuno: "*È stato tutto i' tempo a gufare contro l'altra squadra...*" = *Ha passato* *tutto il tempo a augurare sfortuna alla squadra avversaria…* L'espressione deriva verosimilmente da gufo, uccello che, nella credenza popolare, riveste l'infausto ruolo di portatore di disgrazia e di morte.

gufàta *s.m.* sfortuna provocata dal malaugurio, danno provocato a qualcuno a causa di una iettatura nei suoi confronti. "*Tanto gliel'ha gufata, che alla fine ha avuto un incidente con la macchina!*" = *Tanto gliel'ha augurata, che ha avuto un incidente d'auto.*

H

hai le pìne vérdi ner cervèllo *m.d.d.* hai le pigne verdi nel cervello; insulto usato per indicare una persona incapace di produrre un qualsiasi ragionamento sensato. Poiché il livornese tende sempre a rafforzare l'insulto, non solo nella scatola cranica hai delle pigne, ma sono addirittura ancora verdi.

hai préso più schìzzi te degli scògli di Calafùria *m.d.d.* insulto molto volgare rivolto a una donna, alludendo ai suoi presunti facili costumi sessuali: come Calafuria che vede il mare infrangersi sui suoi scogli, la donna oggetto dell'insulto ha potuto osservare altra forma di schizzi su di sé.

I

imbecheràre *v. tr.* circuire qualcuno con i discorsi, al fine di ottenere qualcosa per proprio tornaconto personale; equivalente a plagiare, col fine di trarre vantaggio. "*M'ha imbecherata tutta... e m'ha fregata!*" = *Mi ha circuita... e mi ha fregata!*

impiàstro *s.m.* detto di persona eternamente insoddisfatta, incontentabile, → **uggióso**, rompiscatole, lamentosa, antipatica oppure molto cagionevole di salute. Con questo termine si intende sottolineare, in modo tutt'altro che garbato e accogliente, l'incapacità dei vari tentativi di accontentare il soggetto, così come spesso accade, appunto, con l'applicazione di un impiastro su una ferita insanabile. Il termine è di uso comune a Livorno, ma è diffusamente usato nel resto della Toscana centrale.

incocciàssi *v. rifl.* impuntarsi, ostinarsi, intestardirsi su qualcosa o su qualcuno, tipica di chi è molto cocciuto. "*Ora s'è 'ncocciato che vole la bicigletta nova e sai... 'un tu ci ragioni!*" = *Adesso si è impuntato che vuole la bicicletta nuova e non c'è* *verso di farlo ragionare!* L'espressione deriva da coccio che, per la sua connaturata rigidità, una volta cotto, non è più plasmabile nella forma, come il cocciuto non lo è più nel pensiero.

inculàta *s.f.* fregatura, imbroglio, inganno, truffa: "*Ho comprato un orologio su internet, ma ho preso un'inculata micidiale!*". Verosimilmente, l'espressione deriva dall'accezione negativa che nei secoli è stata data al sesso anale, fin dai tempi dei romani, una sessualità ritenuta di second'ordine rispetto alla penetrazione per elezione, quella vaginale. Vedersi offrire l'ano, anziché la vagina (o, nel caso estremo, constatare che l'ano è l'unico orifizio penetrabile dell'area pelvica), può rappresentare una fregatura, o un inganno, per chi abbia ben altre aspettative.

indo' tu vai le son cipòlle *m.d.d.* ovunque tu vada sono cipolle; fiorentini e pratesi usano questo modo di dire con chi capisce poco o nulla. L'espressione è la constatazione di come l'interlocutore, che poco capisce, non sia in grado di restituire una risposta a tono con la domanda, ma soltanto di rispondere fischi per fiaschi. Quindi *indo' tu vai* (ovunque tu vada, qualsiasi risposta tu abbia), *le son cipolle* (sono cipolle, cioè roba con poco valore, pochezza).

infinocchiàre *v. tr.* fregare, imbrogliare, ingannare, rendere → **finocchio** qualcuno, tirandogli una → **inculàta**

L

l'ha vìsto più soffìtti lei d'un imbianchìno *m.d.d.* modo di dire offensivo da rivolgere a una donna per asserire che ha avuto molteplici partner sessuali. La metafora si basa sul fatto che, stando sdraiata su diversi letti, la donna in questione ha avuto occasione di vedere molti soffitti. L'insulto sfrutta in modo umoristico e derisorio il paragone con l'immagine dell'imbianchino, il quale, per natura del suo lavoro, negli anni è costretto a dipingere (e di conseguenza a vedere) un elevato numero di soffitti.

labbràta *s.f.* schiaffo dato sulla bocca col dorso della mano, manrovescio. "*Ora se 'un tu l'abbozzi, t'arriva una labbrata!*" = *Se adesso non la smetti, ti prendi un manrovescio!* Nel termine è intrinseco il fatto che l'urto debba concretizzarsi tra le labbra, parte del volto tra le più vulnerabili e sensibili, e la mano, anche se non è chiaro che debba trattarsi del dorso di essa.

leccacùlo *s.m.* adulatore bassamente servile, persona pronta ad accontentare e servire i potenti per profitto, leccapiedi, persona disposta a leccare il culo (la parte forse meno igienica, meno profumata, e di conseguenza meno appetibile, di qualcuno verso cui non si provi attrazione sessuale) in cambio di favore o riconoscimento. "*Me ne occupo io, dottore, non si preoccupi, ci penso io. / Che leccaculo che è…*"

léccamelo! *escl.* **1)** a Firenze, espressione di disapprovazione, ad esempio, nei confronti di qualcosa che non si condivide. "*È finita la bombola di' gasse, e stasera 'un si mangia! / Sie! Leccamelo!*" = *La bombola del gas è finita e stasera non si cena! / Certo… come no!* Anche → **pùppa!**; **2)** interiezione del dialetto pistoiese che indica generalmente sorpresa, stupore. "*Sai quanto ho vinto ieri al gratta e vinci? Cent'euro! / Leccamelo!*" = *Sai quanto ho vinto ieri al gratta e vinci? Cento euro! / Perbacco!* In entrambi i casi, l'oggetto sottinteso della leccata è inequivocabilmente il pene.

lèrnia *s.f.* termine grossetano, usato in tutta la Maremma, per indicare una persona noiosa, assillante, che batte sempre sulle stesse cose, petulante. "*Madonna che lernia che sei!*" = *Accidenti come sei noioso!* Anche usato per descrivere persone di gusti difficili nel cibo, essere schizzinosi.

leticàre *v. intr.* litigare. "*Da' retta, che ha' voglia di leticare stasera?*" = *Ascolta, hai forse voglia di litigare stasera?*

lè'ati da' treppàssi *m.d.d.* levati dai tre passi; anche → **lè'ati da' coglióni** o **lè'ati di' tra'**

cóglioni, col significato di togliti di mezzo, levati dai coglioni. Espressione utilizzata quando si vuole intimare all'ascoltatore, volutamente in malo modo, di spostarsi, o ancor più di andarsene, sottolineando il fastidio che la sua permanenza in quel luogo arreca al soggetto.

lézzo *s.m.* e *agg.* sporco, sudicio, sudiciume, persona poco pulita. "*O che lezzo tu sei! Cambiati codesti calzoni!*" = *O come sei sudicio! Cambiati codesti pantaloni!*

l'è arri'àto! *escl.* è arrivato! Locuzione usata in tono di scherno quando fa il suo ingresso in un locale o in un gruppo una persona che si atteggia costantemente a protagonista, a fenomeno. "*Eccolo! L'è arri'ato!*" = *Eccolo, è arrivato!* Generalmente non c'è bisogno di aggiungere altro.

lìlli o **lìllo** *s.m.* termine usato al pari di → **cìnci** per riferirsi al pisello di bambini, oppure generalmente al pene, senza voler essere volgari.

lótro *s.m.* persona che mangia in modo smisurato; ingordo, fogna.

M

ma che se' grùllo? *interr.* ma sei matto?; incredibile, ma stai scherzando? Espressione di sorpresa, mista a meraviglia, che si usa di fronte a un evento eccezionale, oppure alla sua notizia. Soltanto essendo grulli (→ **grùllo**) si può comprendere l'eccezionalità di ciò che, senza dubbio alcuno, non può essere incluso nel dominio di senso della realtà. "*L'hai saputo dell'incidente di Sandro? Testa coda in autostrada, è rimasto incolume. / Ma che se' grullo!*"

ma fai la bullétta? *interr.* ma stai scherzando? Domanda retorica che significa "ma sei così sciocco da fare questa cosa? Stai forse scherzando?"

ma ti lèvi di' tra' coglióni? *interr.* forma interrogativa di levati dai coglioni, analoga a → **lè'ati da' treppàssi**.

maiàla *s.f.* e *agg.* **1)** donna che si accompagna ad altri uomini senza riguardo, per il piacere dell'atto e non necessariamente sotto compenso. "*Ieri sera ho conosciuto la nuova ragazza di Sergio. È stata tutta la sera a provocarmi... dev'essere una maiala...!*";

2) come *escl.* termine usato per esternare sorpresa di fronte a qualcosa di eccessivo, che supera i limiti attesi o comunemente definiti: "*C'è Pippo, 'un sa fare una sega e piglia 2000 euro i' mese... / Maiala...!*" = *Pippo non sa fare niente e comunque guadagna 2000 euro al mese... / Perbacco!* **3)** come *agg.* si accompagna bene a qualsiasi imprecazione. Tra queste, il podio è occupato in modo indiscusso da "*Maremma maiala!*", imprecazione nella cui versione blasfema, la vasta pianura del grossetano cede il posto alla Santissima Vergine, dando vita alla bestemmia più popolare di tutta la Toscana. "*M'hanno rubato la bicicletta, Maremma maiala!*".

(la) maiàla di to' ma'! *escl.* la maiala di tua madre. Locuzione offensiva, sovente accompagnata da *e i' becco di to' pa'* (e il becco di tuo padre), tra le più efficaci e complete, con la quale, nella consecutio logica di una perfezione quasi commovente, si colpiscono sia gli opposti generatori, che, di riflesso, il discendente in linea retta, che è poi anche il destinatario dell'offesa. Da una madre maiala, infatti, conseguono inevitabilmente un babbo becco e un figlio di maiala. → **('r) bécco di tu' pa'!**

M

malidétto te e chi ti còce 'r pane *m.d.d.* dal livornese *malidétto* (maledetto) e *chi ti còce 'r pàne* (chi ti cuoce il pane). Invettiva di elevata intensità, utilizzata per esprimere rabbia, frustrazione o disprezzo nei confronti di qualcuno che ha commesso un atto particolarmente grave o offensivo. La colpa è ritenuta talmente grande che il malaugurio si estende anche a chi fornisce sostentamento al reo (chi ti cuoce il pane, appunto). "*È la terza volta che mi lasci senza benzina, malidetto te e chi ti coce 'r pane!*" = *Maledetto te e a chi ti ha messo al mondo.* Con lo stesso, identico significato, a Firenze è usata l'espressione "*Accident'a te e a chi ti campa*" oppure "*Accident'a te e a chi t'ha fatto*".

mattilèvidi'ùlo? *interr.* forma interrogativa della locuzione *lèvatidi'ulo*, analoga a "la fai finita di spararle così grosse?". Si usa quando ci si accorge che l'interlocutore ha detto una sciocchezza grande come una casa. Anche → **lè'ati da' treppàssi**

mànfano *s.m.* e *agg.* 1) persona priva di delicatezza e di stile, impacciata, goffa; il *mànfano* è disadatto dal punto di vista motorio cinestesico e non sa muoversi senza urtare qualcosa o qualcuno, uno sguaiato. "*Diobòno! Ma stai un pochino attento! Tu se' un manfano!*" = *Accidenti! Stai un po' più attento! Sei sguaiato!*; A Carrara, per indicare una persona maldestra, che si muove in modo goffo e sgraziato, che incespica sempre e in ogni dove, si usa il termine **ciampicòn**; 2) persona senza educazione né riguardo nei rapporti con persone o cose, cafone, sguaiato nei modi. "*Codesto vestitino sembra un sacco della nettezza… / Madonna che manfano che sei…*" = *Il tuo vestito sembra un sacco per la spazzatura… / Accidenti che cafone che sei…*

manfruìto *s.m.* gay, omosessuale. L'origine che si collega alla deformazione del termine *ermafrodito*, cioè individuo bisessuato; è preferito a espressioni più volgari come → **bùco** o → **finòcchio**, in particolar modo se si fa riferimento a persone di ele-

M

vata cultura e/o che ricoprono ruoli sociali degni di nota: "*Ci si va oggi alla conferenza? C'è anche qui' manfruito di' cardinale...*" = *Ci andiamo oggi alla conferenza? Ci sarà anche quell'omosessuale del cardinale...*

Marémma *s.f.* Maremma. Si tratta della vasta area geografica pianeggiante, a cavallo tra la Toscana meridionale e il Lazio settentrionale, che interessa le province toscane di Grosseto e Livorno. Nel linguaggio dei toscani, la Maremma è spesso presa in prestito per coniare esclamazioni di sorpresa, talvolta di rabbia, o per rafforzare un rimprovero, accompagnandola alle offese più disparate, dalle più classiche alle più originali, alla fantasia dell'oratore: "*Maremma maiala!*", "*Maremma cane!*", "*Maremma puttana!*", "*Maremma indiavolata!*", "*Maremma impestata!*", "*Maremma impestata, cane e ladra!*", e così via. L'espressione *Maremma* è anche usata come storpiatura del termine Madonna dai meno inclini alla bestemmia. La Maremma era originariamente un'area paludosa e, prima che venisse bonificata, era terra di malaria, di briganti e truffatori, di lavoro malpagato, di stenti. Trova verosimilmente in questi motivi, e nella necessità di sottolineare le avversità di questo territorio la nascita dell'espressione *Maremma maiala*, e di tutte quelle che le sono succedute.

mèglio un mòrto in càsa che un pisàno all'ùscio *prov.* meglio un morto in casa che un pisano sulla porta (di casa). Proverbio di origine incerta, ma usato soprattutto nelle province di Livorno, Lucca e Firenze, che trova origine nella storica rivalità tra le suddette provincie limitrofe e che mira a mettere in cattiva luce gli abitanti di Pisa, paragonandoli, in via peggiorativa, ad un lutto familiare. Pisa era una potente repubblica marinara durante il Medioevo, ma con il declino della sua potenza marittima e la crescita di Livorno come porto strategico, la città della torre più famosa del mondo perse la sua posizione di preminenza economica e politica. Per Lucca e Firenze, uno dei maggiori motivi di rivalità con Pisa affonda le sue radici nella necessità di controllo delle terre e delle vie di comunicazione tra la costa tirrenica e l'entroterra. Oggi, sebbene meno aspra, la rivalità tra questi popoli rimane un elemento di orgoglio e d'identità locale. E non c'è pisano che si rispetti che al proverbio *meglio un morto in casa che un pisano all'uscio*, non risponda: *che Dio t'ascolti!*

merdaiòlo *s.m.* e *agg.* termine offensivo che equivale a essere una merda, uno stronzo, uno che si approfitta delle cose. Originariamente il termine era usato per riferirsi a coloro i quali erano incaricati di svuotare i pozzi neri e solo in seguito usato come termine offensivo. "*I' vino? E l'ha bevuto tutto qui' merdaiolo laggiù, guarda…!*" = *Il vino? Lo ha bevuto tutto quell'approfittatore là!*

mésso lì *m.d.d.* dicesi di persona insignificante e spesso inutile, priva di iniziativa, incapace di agire con disinvoltura. "*La Teresa m'ha presentato i' su' novo fidanzato, ier sera… l'è uno messo lì…*" = *Ieri sera Teresa mi ha presentato il suo nuovo fidanzato… è un tipo inutile…*

mezzaséga *s.m.* 1) tappo, basso, modalità volutamente spregiativa per indicare una persona di bassa statura, un → **tabarìno**; "*Madonna che mezzasega che sei, 'un tu m'arrivi nemmeno alle póppe!*" = *Accidenti che tappo che sei, non mi arrivi neanche al seno!*; 2) insignificante, senza importanza, inutile, che non vale niente, di poco carattere, di scarso valore. Il termine trova origine nell'atto masturbatorio maschile, la sega, che, se "lasciata a mezzo", quindi non terminata, non porta alcun effetto, né godimento, rivelandosi un qualcosa di inutile; quest'ultimo aspetto dell'inutilità, trova appunto rappresentazione in questa accezione del termine, quella di "*Icché me ne fo di 'sta mezzasega di cacciavite?! Passami codesto costì!*" = *Che cosa me ne faccio di questo cacciavite inutile! Passami quello che hai lì vicino!*

mi si sghézza la fàva *m.d.d.* mi si scheggia il cazzo → **fàva**; locuzione pistoiese usata per sottolineare una profonda e fastidiosa stanchezza per il protrarsi di una specifica situazione. "*Ancora un turno di notte... mi si sghézza la fava!*" = *Ancora un turno di notte... non ne posso più!* L'etimologia del modo di dire trova verosimilmente origine nel fatto che il ripetuto utilizzo nello stesso identico modo di un utensile, soprattutto se in legno, porta a un'inevitabile scheggiatura dello stesso, così come il protrarsi dello stesso identico atto sessuale, sempre uguale a se stesso e ormai privo di fantasia, di pathos e di piacere, porta al metaforico scheggiarsi del pene.

moccolàre *v. tr.* bestemmiare, imprecare in maniera oltraggiosa contro la divinità. "*L'è lì che* *mòccola da un'ora, con quella vite che la 'un gli si svita!"* = *È lì da un'ora che bestemmia, con quella vite che non si svita!* Anche **smoccolàre**.

mòccolo *s.m.* 1) bestemmia. "*L'ha tirato un mòccolo, che ha tremato anche la chiesa!*" = *Ha tirato una bestemmia tale da far tremare anche la chiesa!* Da notare che, per dar vita alla locuzione sinonimo di bestemmiare, l'unico verbo ammissibile da poter accostare al termine moccolo è tirare, non vi sono alternative: "*Tirare un moccolo*" = *Bestemmiare*; 2) mozzicone di candela; 3) muco che cola dal naso.

moncùli *s.m.* in culo, luogo molto molto distante, nascosto e difficile da raggiungere → **culidònia**

mortesécca *s.m.* pelle e ossa. In modo poco garbato, è usato per indicare una persona particolarmente magra, di cui, sotto la pelle, si distinguono bene le forme delle ossa. "*Ma che l'ha visto Luca? Pare una mortesecca!*" = *Hai visto Luca come è magro?* Questo è inoltre il termine col quale i fiorentini fanno riferimento al teschio con le due ossa incrociate dietro, che si trovano sui quei cartelli, solitamente di forma romboidale e di colore giallo, che indicano pericolo, o più semplicemente sulla bandiera dei pirati.

mugolóne *s.m.* pompino, fellatio.

mus a embr'z *m.d.d.* faccia a embrice. Modo di dire carrarino usato per riferirsi a una persona con una brutta faccia, poco raffinata, come appunto un embrice, il laterizio piatto di forma trapezoidale con bordi rialzati, usato per i tetti alla romana. Insomma, avere la faccia che sembra una tegola, non è il massimo dell'aspirazione per nessuno!

N

nàcchero *s.m.* anche **nàchero**; **1)** persona piccola e minuta, condizione questa accentuata sovente dall'uso del *dim.* **naccherìno**; **2)** nomignolo usato soprattutto al diminutivo per richiamare l'attenzione di un bambino, del quale non si conosce o non si ricorda il nome, o al quale ci si vuole riferire in tono scherzoso. "*Vien' qui naccherino, fammi vede' la tu bicigletta nova*" = *Vieni qua bimbetto, fammi vedere la tua bicicletta nuova*; **3)** in senso offensivo, usato spesso per indicare chi fa il furbo oppure per riferirsi a qualcuno in tono provocatorio. "*O' nacchero, ma che ha' intenzione di pigliammi pe' i' culo?*" = *Ehi furbino, hai intenzione di prendermi in giro?*

nànni *s.m.* diminutivo di Giovanni, ma usato per richiamare qualcuno che ha fatto qualcosa che non doveva o il cui comportamento non si confà alle aspettative del soggetto che parla. L'espressione classica è: "'*Scorta nanni…*" oppure "*Da' retta nanni…*" = *Ascolta nanni…*

nàppa *s.f.* termine usato per indicare il naso, soprattutto se di grandi dimensioni. "*La Gianna la c'ha una nappa la pare un quarto d'agnello!*" = *Gianna ha un naso delle dimensioni paragonabili a quelle di un quarto d'agnello.*

nàto da 'n càne *m.d.d.* figlio di un cane, bastardo. L'espressione livornese si usa per maledire (più o meno bonariamente) qualcuno.

nàtta *s.f.* condizione che si verifica nel momento in cui, durante la penetrazione anale, risulta impossibile estrarre il del pene dall'ano, rimanendo pertanto attaccati; in tal caso si dice che il pene *ha fatto natta*. "*L'hai sentito di Rodolfo, l'altra sera? L'è rimasto attaccato alla su' donna! E gl'ha fatto natta!*" = *Hai saputo cosa è accaduto a Rodolfo la scorsa sera? È rimasto attaccato alla sua compagna! Gli si è bloccato dentro!*

nìni *s.m.* **1)** termine vezzeggiativo affettuoso che si rivolge ai bambini come rafforzativo nelle frasi. "*Icché t'ha' fatto nini? Che ti sei sbuccicato i' ginocchio?*" = *Che hai fatto mimmo? Ti sei sbucciato il ginocchio?*; **2)** usato in tono offensivo per redarguire un adulto sottolineando la sua situazione di inferiorità, dandogli del bamboccio. "*Da' retta, nini, tu m'ha' bell'e rotto i' cazzo!*" = *Ascolta bimbo, mi hai già rotto il cazzo!*

nivvìso *loc. avv.* nel viso. Si usa questa locuzione nel mezzo di minacce: "*Oh 'un gli metto le mani nivviso?*" = *Vuoi vedere che finisce che gli metto le mani sul viso?* oppure: "*Ti metto le mani nivviso, abbozzala!*" = *Ti metto le mani sul viso, falla finita!*

nocchìno *s.m.* pugno dato normalmente sul cranio, facendo in modo che a colpirlo siano soltanto le nocche. Meglio ancora se una nocca sola, col risultato che il dolore provocato è maggiore. "*Se 'un tu' l'abbozzi ti do un nocchino ni' capo!*" = *Se non la smetti ti batto le nocche sulla testa!* Nel dialetto aretino, la prima sillaba si trasforma da *no-* a *gnu-* per dare vita allo **gnucchìno**. L'assonanza con *gnòcco* non deve trarre in inganno, perché sempre di pugno sul cranio si sta parlando.

nòne *loc.* no categorico; rafforzato dal suffisso *-ne*, come per raddoppiarne la forza. Si usa per interrompere in maniera sgarbata e perentoria l'incessante ripetersi della medesima richiesta, che ha portato allo sfinimento. Solitamente, sia la *o* che la *e* vengono prolungate nella durata e pronunciate su due toni musicali diversi, il primo più alto del secondo, quasi fosse una cantilena, o, ancor meglio, il suono di un campanello bitonale: *dlin-dlon!* Il significato intrinseco che porta con sé va oltre il semplice diniego e sta a significare: *Adesso mi hai veramente scocciato! Ti ho detto di no, ed è no! E basta! Non chiedermelo più!* "*Mamma, mi compri i'motorino? Dai…! / Noooneee!*" = *Mamma mi compri il motorino? Dai…! Ti ho detto di no, ed è no!*

O

o' bellino! *escl* ehi bellino! Si rivolge per redarguire chi ha tenuto un comportamento inadeguato, oppure chi abbia detto qualcosa di sbagliato o, ancora, di inadeguato.

o che siete grùlli davvéro? *interr.* ma siete forse matti per davvero? Anche → **ma che se' grùllo?**

ónco *interiez. intrad.* interiezione onomatopeica che imita il conato di vomito, di conseguenza la sensazione di disgusto, voltastomaco.

orbetèllo *s.m.* termine utilizzato nel dialetto senese col valore di ipovedente (*òrbo*) o strabico, con riferimento per assonanza alla città toscana di Orbetello. Si usa il *m.d.d.* "*Esse' d'orbetèllo*" per dare del cieco a qualcuno (e non perché quest'ultimo sia necessariamente di Orbetello). *"Da' retta, che se' d'orbetello?" = Ascolta, sei forse cieco?*

P

pacchiàno *agg.* dicesi di persona che veste in maniera esagerata, pomposa, vistosa e allo stesso tempo rozza, ma anche ricercata al punto tale da risultare fastidiosa alla vista e di cattivo gusto. Può essere riferito anche agli abiti indossati, più che alla persona, un vestito pacchiano, o ai modi di fare, un comportamento pacchiano. "*Ma ha' visto come l'è pacchiano quello là? Pare un lampadario dell'800!*" = *Hai visto che vestito pomposo ha quello là? Sembra un lampadario dell'800!*

pàlle *s.f.* palle; 1) testicoli, *volg.* coglioni. Termine usato in molte locuzioni verbali la cui efficacia ed immediatezza è resa proprio dal fatto di essere volgari. Si dice quindi: "*Lèvati dalle pàlle!*", per dire *Spostati!*; spesso si usa anche la forma interrogativa: "*Ma ti levi dalle palle?*", dove la domanda è ovviamente retorica; "*Tu m'ha' bell'e rotto le palle!*", da dirsi a chi, col ripetersi del suo comportamento, ha portato a un punto di insopportabilità; "*Ce n'ho piene le palle!*", per indicare persona o situazione che ha stancato oltremodo; "*Quello è uno che c'ha* *le palle!*", riferito a persona in gamba, che sa il fatto suo; "*Mi sta sulle palle!*", riferito a persona che non si sopporta; "*M'ha bell'e fatto girare le palle!*", per indicare qualcuno o qualcosa che ha fatto arrabbiare; "*Mi ci gioco le palle!*", per scommettere su qualcosa per la quale si è certi dell'esito vincente; "*Toccati le palle!*", per esortare qualcuno a toccarsi i testicoli, come gesto scaramantico; "*Sei sempre tra le palle...*", per riferirsi a qualcuno che è sempre nel mezzo, come il prezzemolo! 2) *m.d.d.* rimprovero affettuoso, che si rivolge a persona con cui si ha particolare confidenza. "*Da' retta palle, ma che l'ha' spesi tutti?*" = *Ascolta amico mio, li hai spesi tutti i soldi?* 3) *m.d.d.* usato al pari di → **o' bellìno**, o di → **nànni** per rivolgersi a chi ha fatto o detto qualcosa che esce dalla consuetudine o dalle aspettative, a chi ha pisciato fuori dal vaso (→ **pisciàre fuòri dal vàso**). "*O' palle, ma icché tu dici?*" = *Amico, ma cosa stai dicendo?* Nel dialetto senese, le palle, i testicoli, sono i **perpendìcoli**. Anche → **zebbedèi**

P

pallìno *s.m.* allocutivo confidenziale che spesso accompagna una minaccia o un rimprovero. Lo stesso che → **pàlle**, ma al diminutivo, utilizzato esclusivamente da una persona di età maggiore nei confronti di una più giovane, o tra pari, con l'intenzione di mettere l'interlocutore in una posizione di inferiorità.

palloccolóso *agg.* pallottoloso, grumoso, non fluido, arzigogolato. Per estensione, modo *fig.* per riferirsi a cosa resa noiosa per eccessiva ripetitività e insistenza. "*Madonna come la fai palloccolòsa!*"

= *Accidenti, come la fai lunga!*

paperàio *s.m.* luogo dove si tengono le papere, al pari del pollaio per i polli. Per estensione, gruppo di persone chiassose, generalmente di sesso femminile, che si agitano in modo sguaiato, parlando ad alta voce e una sopra l'altra. "*All'uscita della messa, l'altra domenica, c'era un paperaio! Mi toccò scappare!*" = *L'altra domenica, all'uscita della messa, c'era un vero pollaio* [di donne]*! Sono dovuto scappare!*

pàrla cóme tu màngi! *m.d.d.* parla come mangi; parla con semplicità. Usato con ironia verso chi cerca, senza reale necessità, di darsi un tono con parole complicate e altisonanti, finendo, all'estremo, per dar vita a discorsi vuoti. L'invito che il modo di dire rivolge all'interlocutore è quello a parlare in maniera più semplice e meno forbita, al pari di come si mangia, un gesto semplice e spontaneo che accomuna tutti.

parlàre a vànvera *m.d.d.* parlare a caso, con sconsideratezza e sciatteria. Si usa con chi parla senza aver contezza di cosa sta dicendo: "*Chetati, guarda, l'è meglio… tu sta' parlando a vanvera…*" = *Vedi di tacere, che è meglio… stai parlando a caso…* Il termine *vànvera* deriva probabilmente dalla parola *fanfara*, il noto complesso di fiati e percussioni molto rumorosi come lo sono le parole di chi parla a caso, sprecando peraltro il fiato.

pàssera *s.f.* 1) organo genitale femminile, vagina. Il termine non è prettamente volgare, ma l'uso è consigliato tra persone che hanno confidenza fra loro: "*Amore, ma icché tu ti gratti? Che ti prude la passera?*" = *Amore, perché continui a grattarti tra le gambe? Ti prude?* **2)** per estensione, sinonimo di bella ragazza. "*O' che passera l'è quella là?*" = *Hai visto che bella ragazza quella laggiù?*; **3)** usato nella locuzione "*passera fredda*", per identificare una donna che appare eccessivamente rigida e controllata, specie nell'eloquio; frigida. "*Madonna che passera fredda che l'è… sai che divertimento a letto…*" = *Accidenti che donna di ghiaccio che è… a letto ci sarà poco da divertirsi…* il *dim.* **passerìna** indica una tipologia di pane. Nello specifico un panino, sullo stile della rosetta, ma con un solo taglio trasversale, cosa che lo fa effettivamente sembrare una piccola vagina, e che veniva riempito dai fiorentini con lampredotto, lesso o roventino; il *vezz.* **passeròtta** indica una bella bambina o una bella ragazza, o ancora, più canonicamente, la femmina del passero.

peneróne *s.m. acc.* di "pènero", termine italiano che indica il filo della frangia tipico degli scialli, dei tappeti, delle coperte. In livornese, termine colorito e ironico, riferito a un giovane uomo che conduce una vita oziosa e senza scopo, trascorrendo le giornate a bighellonare senza combinare nulla di concreto. Sinonimo di fannullone, perdigiorno, scansafatiche, ozioso, → **bighellóne**.

pennellóne *s.m.* pennellone; vale come → **brindellóne** anche se in questo caso l'aspetto fisico è paragonato a quello di un pennello e non al carro pasquale fiorentino. Nel dialetto pistoiese, il primato dell'"alto e sgraziato" è lasciato al gentil sesso che col termine **anguillóna** dipinge l'immagine di una donna molto alta e di poca grazia.

pèoro *s.m.* becco, maschio della pecora. Per estensione, cornuto. Nel dialetto pisano **pècoro**. Vedi → **bécco**.

péta *s.f.* peto, puzzetta; emissione perlopiù silenziosa di gas dall'ano → **curéggia**

piaccicóne *s.m.* chi non combina niente, inconcludente; chi fa le cose male; chi perde tempo, chi è troppo lento; imbranato, incapace. "*I' mi' figliolo l'è un piaccicone numero uno! Pe' sortire di casa ci vole sempre un'ora! E' si perde...*" = *Mio figlio è un perditempo matricolato! Per uscire di casa ci mette sempre un'ora! Si perde...*". A Pistoia, il *piaccicóne* è un **lucertolóne**.

pidocchióso *s.m.* e *agg.* termine usato per indicare chi, nonostante economicamente benestante, fatica a spendere anche la minima somma di denaro, fino ad andare in giro vestito come un pezzente; simile a tirchio, anche se questo è un termine più riduttivo. "*Oh, ma ci fosse una volta che offre lui, qui' pidocchiosò!*" = *Mai una volta che offra lui, spilorcio!* Il termine prende vita dall'immagine di chi, non spendendo soldi per la cura personale, si riduce in uno stato indecoroso, sporco e pieno di pidocchi.

pigiàre *v. tr.* premere, schiacciare; per estensione significa scopare, → **trombàre**. Questa espressione ritrae bene l'immagine dell'amplesso amoroso, nell'immagine del pene che viene *pigiàto*, quindi premuto, spinto, dentro la vagina.

pigiàta *s.f.* scopata, trombata, dal verbo → **pigiàre**. Anche *dim.* **pigiatìna**: "*Ieri sera mi son fatto una bella pigiatina, sai?*" = *Ieri sera mi sono fatto una bella scopatina, sai?*

pillaccheróne *s.m.* nel dialetto viareggino, dicesi di persona abile nell'arte di non far nulla e di intralciare chi, al contrario, si dà da fare. Persona, dotata di un fiuto infallibile per schivare qualsiasi tipo di lavoro, e di un talento innato per creare scompiglio e rallentare la produttività altrui. Sinonimo di scansafatiche, fannullone, lavativo, perditempo, buono a nulla.

pipà *v. intr.* contrazione di *pipàre*, locuzione livornese che significa scopare, trombare, accoppiarsi. "*Stasera ragazzi 'un ci so', c'ho da pipà!*" = *Questa sera, ragazzi, non ci sarò, ho da scopare!*

pisciàre fòri da i' vaso *m.d.d.* pisciare fuori dal vaso. Sbagliare; superare i limiti; andare al di là del lecito, del consentito. "*Di solito la dice giusta, ma stavolta l'ha pisciato fori da i' vaso!*" = *Solitamente ha ragione, ma stavolta ha sbagliato di brutto.* Anche → **cacàre**

P

pìssero *s.m.* e *agg.* senza carattere né personalità, per niente originale, insignificante, insulso. Si può usare riferendosi alle persone, ma anche alle cose. "*Giovanni l'è una brava persona, ma l'è un po' pissero, no?*" = *Giovanni è una brava persona, ma è un po' insignificante, non ti pare?*

pomicióne *s.m.* detto di uomo che corteggia assiduamente le donne facendo il galante, il cascamorto e che ricerca da esse un costante contatto fisico, anche furtivo. Il tono è forse più scherzoso che offensivo. "*Sai quante n'ha trombate qui' pomicione il mese scorso?*" = *Sai quante ne ha scopate quel cascamorto il mese scorso?* Nel dialetto pistoiese, il corteggiatore col fare del *pomicióne* è chiamato, invece, **frusóne**.

pompinàra *s.f.* e *agg.* detto di donna incline alla fellatio. Il termine è fortemente offensivo e dispregiativo, in quanto attraverso di esso si identifica e si qualifica l'intera persona, con la suddetta attività.

popóne *s.m.* nel dialetto senese **1)** gobba; **2)** buono a nulla, maldestro.

póppe *s.f. plur.* mammelle, seni. Il termine non è particolarmente offensivo e può essere collocato al confine tra il volgare e il poco garbato. Da usare comunque con interlocutori coi quali si ha confidenza. In uso nella lingua fiorentina da secoli, se ne trova traccia nella *Divina Commedia* (1306-1321 circa). Dice Dante, al canto XXIII del Purgatorio, che "*sarà in pergamo interdetto / a le sfacciate donne fiorentine / l'andar mostrando con le poppe il petto*", cioè "sarà proibito alle sfacciate donne fiorentine di andare in giro a seno scoperto".

P

portàre mèrda *m.d.d.* portare sfortuna. Si dice di qualcuno, o qualcosa, che porta sfortuna. "*Mica viene anche Sandro alla gita, vero? Quello porta merda…!*" = *Mica ci sarà anche Sandro in gita, vero? Quello porta sfortuna…!*

pòsa 'r fiàsco! *escl.* posa la bottiglia di vino, esclamazione prettamente livornese utilizzata con l'intento di invitare l'interlocutore a smettere di bere. L'esclamazione, colorita e versatile, è utilizzata per apostrofare un individuo che mostra evidenti segni di ebbrezza, oppure per dare scherzosamente di avvinazzato all'amico. Ma non è in questi contesti che l'espressione rivela il suo potenziale offensivo. La locuzione trova la sua massima espressione se rivolta a chi, pur non essendo in stato di ebbrezza, fa discorsi insensati, poco condivisibili e articolati su una logica discutibile, come potrebbe fare, appunto, un ubriaco. Invitando una persona sobria a posare il fiasco, il livornese intima all'interlocutore di smettere di parlare, dal momento che il suo eloquio è utile tanto quanto quello di un ubriaco.

pòtta *s.f.* vagina, figa; **1)** per estensione, si usa per indicare una bella donna; **2)** si ritrova nel modo di dire "*fare da potta e da culo*", cioè "fungere da vagina e da ano", nel senso di adattarsi a tutte le situazioni, fare in modo di andar bene per ogni richiesta. **3)** *s.m.* persona boriosa, che fa il gradasso, che si dà delle arie. "*Fare il potta*" = *Fare il gradasso, fare il ganzo*; usato anche al diminutivo **pottìno** o all'accrescitivo **pottóne**, con l'accezione di spaccone; a Livorno si usa il termine **pottaióne**.

P

pucióso *s.m.* e *agg.* pulcioso. Al pari di → **pidocchióso**, si dice a Livorno di individuo affetto da una patologica avarizia, caratterizzato da un attaccamento morboso al denaro e dalla totale incapacità di separarsi dalle proprie ricchezze, anche per le necessità più basilari. È sinonimo di avaro, taccagno, spilorcio, tirchio. L'espressione è verosimilmente derivata dall'aspetto parassitario della pulce (così come del pidocchio), dal momento che il *pulcióso*, così come il pidocchioso della lingua italiana, non volendo erodere le proprie ricchezze, trae sostentamento da risorse non proprie.

pùppa! *escl.* succhia! Termine che abbonda sulla bocca dei livornesi, ma usato in misura minore anche nelle altre province centrali della Toscana. E tanto è facile immaginarsi a cosa ci si riferisce, da non risultare affatto importante la precisazione. È un'esclamazione polivalente e sfaccettata, utilizzabile in un'ampia gamma di situazioni, dal semplice disappunto alla più profonda indignazione. Un grido di battaglia contro le avversità della vita, un'arma verbale per respingere le critiche e le insinuazioni altrui, un modo sbrigativo per liquidare un discorso sgradito o una persona indesiderata; l'espressione incontra il suo massimo splendore nel più esteso ed esplicito modo di dire "*Strapùppami la fava*", letteralmente invito a succhiare intensamente e ripetutamente (*stra-*) il pene (*fava*). In questo modo di dire c'è il grido di battaglia dei livornesi più focosi, quelli che non hanno paura di esprimere il proprio disprezzo in modo diretto e senza mezzi termini. È questa un'arma verbale che può essere usata in qualsiasi situazione, dal litigio al bar alla partita di calcio.

pùppe *s.f. plur.* equivalente di → **póppe**, cioè seno. La versione con la *ù* è usata maggiormente nell'area di Prato e Pistoia, a differenza di quella con la *ó*, rigorosamente stretta, più tipica del fiorentino. Il termine *pùppe* è usato nella locuzione "*pùppe a pera*" = *tette a forma di pera*, resa celebre dall'omonima canzone del comico fiorentino

Francesco Nuti nel film *Madonna che silenzio c'è stasera*, nel 1982.

pùzzo *s.m.* **1)** puzza, cattivo odore. "*Maremma che puzzo di merda che c'è qui!*" = *Accidenti che terribile odore di escrementi che c'è qui!*; **2)** usato nella locuzione "*fàre pùzzo*", col significato di farla lunga, avere una reazione esagerata, spesso sproporzionata per la circostanza che l'ha provocata. "*C'era bisogno di fare tanto puzzo per questa cazzata?*" = *C'era bisogno di farla tanto lunga per una sciocchezza simile?*

puzzóne *s.m.* e *agg.* vigliacco, cacasotto, pauroso, → **cacóne**. "*S'è spaventato a morte, qui' puzzone!*" = *Si è spaventato a morte, quel cacasotto!*

Q

quadribuodi'ùlo di tu' ma' *m.d.d.* Quel buco di culo di tua mamma moltiplicato per quattro volte. In sostanza si dà pesantemente della poco di buono alla mamma del referente. "*Quel quadrbuodi'ulo di tu' ma'!*" = *Quella quattro volte puttana di tua mamma!*

R

rabbèrcio *s.m.* lavoro mal fatto, arrangiato. Originariamente riferito a un'opera di cucito che appariva mal fatta e sgradevole all'occhio, cosa che peraltro aveva già un suo nome specifico, cioè *frinzèllo*; successivamente, è stato riferito anche a lavori di altra natura, fatti male e arrangiati. "*Madonna che troiaio... Che rabbercio tu ha' fatto?*" = *Accidenti che schifo! Che lavoro arrangiato hai fatto?*

ribòngia *s.f.* rimestio; **1)** pietanza ottenuta dall'aver mescolato vari ingredienti di basso costo; robaccia di poco prezzo e di qualità scadente. "*O' che ribongia t'ha fatto oggi pe' cena?*" = *Ma che schifezza hai cucinato stasera per cena?*; **2)** accozzaglia di cose o di persone che niente hanno a che fare l'una con l'altra. "*Sono stato in piazza ieri sera, c'era una ribongia!*" = *Ieri sera sono stato in piazza, c'era un casino di gente!*

rimbuchìre *m.d.d.* diventare omosessuale, buco. "*Ma lo sai che Lorenzo e 'un mi guarda nemmen' più? A regola l'è rimbuchito...*" = *Sai che Lorenzo* *nemmeno mi guarda più? Evidentemente è diventato omosessuale…*

rincartapeorìto *agg.* termine labronico che identifica un individuo avvizzito, raggrinzito, dalla pelle rugosa e incartapecorita come una vecchia pergamena dimenticata al sole. Un essere umano in evidente stato di decadenza fisica, simile a un frutto passato o a un fiore appassito. Un insulto che colpisce l'aspetto esteriore, sottolineando l'età avanzata (quantomeno quella dimostrata) e la perdita di freschezza e vitalità. Usato al pari di vecchio, mummia, rugoso, avvizzito.

rinfiosecchìto *agg.* ridotto come un fico secco; termine tipicamente livornese; 1) dicesi di persona talmente magra e scarna da sembrare un fico secco avvizzito dal sole. La pelle raggrinzita e le ossa sporgenti le conferiscono un aspetto quasi spettrale, come se fosse stata mummificata ancora in vita, o come una → **mortesécca**; 2) si dice anche di un alimento, solitamente frutta o verdura, talmente disidratato e avvizzito da risultare immangiabile. La consistenza grinzosa e le rughe profonde evocano l'immagine di un qualcosa di vecchio e stantio, incapace di fornire alcun nutrimento o piacere.

ringàmba *s.f.* persona che torna sui propri passi, che si rimangia la parola data, che prende un impegno che non onora, che dice ma non fa, che si tira indietro. "*Non chiedere a Gianni di accompagnarti a Roma, perché l'è un ringamba, ti dice di sì, poi all'ultimo ti trova una scusa.*" = *Non chiedere a Gianni di accompagnarti a Roma, perché* *è uno che si tira sempre indietro, ti dice di sì, ma poi trova una scusa*. Nella forma verbale transitiva, *ringambàre* qualcosa equivale a tirarsi indietro da qualcosa. "*L'ha ringambato la gita, sai?*" = *Alla gita non ci è più andato, sai?*

ringrullìre *v. intr.* diventare → **grùllo**, rincitrullire, non capire più nulla.

rintronàto *s.m.* e *agg.* rimbambito, stordito, che ha perso la capacità di ragionare o la memoria; usato soprattutto con persone anziane. "*Quant'è che 'un lo vedi Carlo? A me m'è sembrato un po' rintronato...*" = *Da quanto tempo non vedi Carlo? A me è sembrato un po' stordito...*

ripassàta *s.f.* randellata, lezione o punizione inflitta a son di botte; rimprovero. "*Se non la finisci, ti do una ripassata che te la ricordi finché tu campi!*" = *Se non smetti, ti do una lezione che te la ricordi finché vivi!*

rizzacàzzi *s.m.* da *rizzare*, cioè alzare, e *cazzi*. Detto di donna che, col suo comportamento seduttivo, lascia intendere disponibilità sessuale ma che poi, arrivando al dunque, si tira indietro; che tende a far eccitare, senza però concedere oltre. "*La Virginia la c'ha sì tanti omini che gli girano intorno, l'è una rizzacazzi!*" = *Virginia ha molti uomini perché lascia intendere che ci starebbe con loro senza poi dargliela!*

ròba da chiòdi *m.d.d.* cosa da chiodi; cosa molto strana, incredibile o esagerata, situazione, che provoca meraviglia; analogo a roba da matti. Usato soprattutto per far riferimento a frasi o fatti particolarmente arroganti o stupidi. "*Lo sai che m'ha detto i' fornaio? Se l'è troppo caro i' mi' pane, la lo vada a comprare da qualche altra parte! Roba da chiodi…!*" = *Sai il fornaio cosa mi ha detto? Se il mio pane è troppo caro, vada a comprarlo altrove! Roba da matti…!*

ròba da scaccolàssi co' guantóni da bòxe *m.d.d.* roba da scaccolarsi con i guantoni da boxe; indica qualcosa di assolutamente impossibile. Espressione labronica di sorpresa mista a incredulità da utilizzare di fronte a fatti incredibili, impossibili, inaccettabili. Ad esempio, quando l'attaccante del Livorno sbaglia un gol a porta vuota da un metro.

rómpere l'ànima *m.d.d.* scocciare, dare fastidio, dare noia, seccare. È l'effetto di un comportamento disturbante perpetrato così a lungo e/o in maniera così intensa che non si riduce a produrre la superficiale rottura delle scatole o delle palle di chi lo subisce, ma che arriva molto più nel profondo, fino a rompere addirittura l'anima. "*Tu m'ha' bell'e rotto l'anima, sai! 'Un ne posso più!*" = *Mi hai già scocciato nel profondo, sai? Non ce la faccio più!*

(la) rótta 'n cùlo di tu' ma' *m.d.d.* la rotta in culo di tua mamma, locuzione offensiva tra le più famose e efficaci per insultare la mamma del proprio referente, dandole per perifrasi della poco di buono.

rótto 'n cùlo *s.m.* rottinculo; **1)** letteralmente sodomita, di natura passiva; che ha subito numerosi rapporti anali, fino, appunto, a vedersi lacerato nel culo; **2)** scherzosamente, uomo o donna particolarmente fortunati; 3) in tono più offensivo, si usa anche per riferirsi a persone opportuniste, scaltre ma con fini poco nobili, che sanno il fatto loro e che usano questa virtù per trarre profitto, non curandosi dell'altro. Molto simile a pezzo di merda. "*Dice viene a farci un'ispezione i' direttore di Bologna. Quello l'è un rotto 'n culo di nulla!*" = *Dicono che ci sarà un'ispezione da parte del direttore di Bologna. Quello è un grande opportunista pezzo di merda!*

rùtto *s.m.* uomo o donna molto brutti, sgradevoli come un rutto. "*Mammina che rutto l'è la fidanzata di Paolo!*" = *Mamma mia come è brutta la fidanzata di Paolo!* Per rinforzare l'offesa si usa anche **rùtto alla finocchióna**, dal momento che l'emissione di gas gastrici che conseguono alla digestione del tipico insaccato toscano speziato al finocchio produce un odore oltremodo disgustoso.

S

sa 'osa? E 'ni sùda 'r buoderculo *m.d.d.* sa cosa? Le suda il buco del culo. Espressione idiomatica livornese usata in senso ironico al pari di "stia attento a non fare sforzi eccessivi, vedo che lavora così tanto…". Si dice a chi non fa niente, oppure a chi, in un contesto dove tutti si ammazzano di fatica, ad esempio durante un trasloco, si limita a spostare da un punto all'altro pochi, leggeri oggetti.

sbrècca *s.f.* e *agg.* a Pistoia, donna brutta, che non si può guardare da quanto lo è; racchia. *"Leccamelo che sbrecca che è quella là!" = Accidenti che racchia che è quella là!* Lo stesso che → **rùtto**

sbrindellàto *agg.* ridotto a brandelli, strappato, logoro, usato fin troppo; malconcio, messo male. Si usa esclusivamente per riferirsi a cose, mai a persone. "*Icché t'ha fatto? T'ha' i' gorfe tutto sbrindellato!*" = *Che cosa ti è successo? Hai il maglione tutto strappato!*

sbuonàta *agg.* sbuconata. È sinonimo di svergognata, poco di buono, donna di facili costumi, troia, puttana. Usato nell'espressione "*la sbuonata di tu' ma*"', utilizzato nel livornese per attribuire alla genitrice dell'interlocutore una scarsa virtù e una condotta morale discutibile. Un insulto indiretto, ma non per questo meno efficace, che mira a colpire l'orgoglio familiare e a scatenare una reazione indignata.

scacciamìci *s.m.* scaccia-amici; termine scherzoso utilizzato a Siena per indicare un vino scadente, poco buono, che dunque allontana gli amici i quali, privati del conviviale piacere di bere tipico del popolo senese, andranno a cercare vino migliore altrove.

scaciàto *agg.* termine labronico polisemico che descrive una condizione di degrado e abbandono, sia in riferimento a luoghi che a persone; **1)** un ambiente *scaciàto* è sinonimo di sporcizia, disordine e incuria. È sinonimo di malmesso, lercio, disordinato, abbandonato, lasciato andare; **2)** una persona *scaciàta* è trasandata, sciatta e poco curata nell'aspetto. È sinonimo di trasandato, sciatto, malconcio, sgangherato, lercio; nel suo insieme, il termine rappresenta un insulto che colpisce l'igiene, l'ordine e il decoro, mettendo in evidenza la negligenza e la mancanza di rispetto per sé stessi e per gli altri.

scannatóio *s.m.* locale, appartamento o comunque luogo chiuso, adibito ad incontri sessuali. "*Ha affittato uno scantinato e lo usa a mo' di scannatoio, ma la moglie la 'un lo sa mica...*" = *Ha preso in affitto uno scantinato e ci va a scopare con le donne, ma la moglie mica lo sa...* Letteralmente, lo scannatoio è la parte del macello dove si scannano gli animali o dove si disossano. In questo contesto, il termine richiama più l'idea di un luogo dove il cacciatore trascina le proprie prede, sulle quali opererà, facendo ciò che natura vuole.

schizzapìscio *s.f.* nel dialetto pistoiese, detto di ragazzina che nella sua vanesia andatura fa oscillare il di dietro, sculettando.

sciabordìto *agg.* stordito dallo sciabordio dell'acqua; termine usato in Maremma per indicare una persona con poco cervello, stupida, stordita.

sciamannóne *s.m.* lo *sciamannóne* è una persona disordinata, trascurata; anche sgraziata, goffa, sguaiata. Si utilizza soprattutto con i bambini quando il loro modo di giocare è oltremodo sguaiato. "*Abbozzala di fare lo sciamannone, dai!*" = *Gioca in maniera più pacata, dai!*

scoglionàto *agg.* annoiato. Dicesi di individuo afflitto da una noia cronica e persistente, incapace di trovare stimoli o interessi nella vita. Un essere umano in evidente stato di apatia e svogliatezza, simile a un mollusco spiaggiato o a un bradipo in letargo. Locuzione che colpisce la vitalità, l'entusiasmo e la voglia di fare, mettendo in evidenza la mancanza di iniziativa e di curiosità. È sinonimo di svogliato, fiacco, moscio, sfaticato. Il termine è tutt'altro che elegante e può essere usato soltanto con persone con le quali si ha profonda confidenza.

sculaccianguìlle *s.m.* e *agg.* scaccia-anguille; incapace, imbranato, qualcuno che cerca di fare qualcosa di particolarmente difficile, se non impossibile. Anche → **chiappamèrlo**

sderenàto *agg.* 1) dicesi di oggetto slargato, sfondato, sformato; 2) al femminile, è un riferimento poco garbato per indicare una donna sfiancata, slombata.

se' coglión' ànco s'arnàsci! *m.d.d.* saresti coglione anche se dovessi rinascere; espressione idiomatica in dialetto aretino stretto per indicare una persona molto fessa. Questo modo di dire, tipico appunto dell'area di Arezzo, viene utilizzato per sottolineare, con tono bonario o di rimprovero, l'incapacità cronica di una persona di non cadere nell'inganno. È un'affermazione che, con più o meno velata ironia, mette in evidenza come certi difetti caratteriali siano così radicati da rimanere invariati persino in una nuova vita. *"Mario, se' coglion' anco s'arnasci!" = Mario, sei fesso anche se rinasci.*

se i bìscheri volàvano, t'eri sulla lùna *m.d.d.* se gli stupidi potessero volare, tu saresti sulla luna; perifrasi con cui ci si riferisce a una persona molto stupida.

se t'avessi 'n culo, t'andrei a caà alla Meloria *m.d.d.* se ti avessi nel culo (come uno stronzo) andrei a defecarti alla Meloria (un gruppo di scogli della costa livornese). Espressione di disprezzo e di allontanamento definitivo, che va ben oltre il semplice insulto. Il livornese non si limita a definire l'interlocutore uno stronzo (termine già di per sé eloquente), ma desidera anche disfarsene nel modo più radicale possibile, spedendolo in un luogo remoto e inospitale come gli scogli della Meloria, un gruppo di scogli situati a circa 7 chilometri dalla costa di Livorno, noti per essere un luogo inospitale e difficile da raggiungere. In fiorentino, esiste un'espressione simile: "*Se t'avessi in culo andrei a ca'atti 'n Arno*" = *Se ti avessi in culo, andrei a cacarti in Arno*, che sottolinea lo stesso concetto di allontanamento e disprezzo, utilizzando però un luogo diverso (il fiume Arno) come veicolo per l'allontanamento.

séga *s.f.* sega; **1)** atto masturbatorio maschile. Usato nella forma riflessiva "*farsi una sega*" = masturbarsi, ma anche transitiva "fare una sega" = masturbare; **2)** negazione. Il termine si trova anche nell'esclamazione "*una sega!*" che può andare a chiudere una negazione, con esplicito intento rafforzativo: "*Non è vero una sega!*" = *Non è affatto vero!*, o, se usata da sola, a negare semplicemente qualcosa: "*Una sega!*" = *No davvero!*; **3)** l'espressione "*non fare una sega*" equivale invece a *non far niente, non lavorare*; **4)** *non sapere una sega* equivale a *non sapere niente*. "*Ma so' 'na sega io!*" = *Ma cosa vuoi che ne sappia io?*

segaiòlo *s.m.* segaiolo; **1)** falegname; **2)** colui che un tempo andava di macellaio in macellaio per raccogliere ossi e grasso animali; **3)** uomo o ragazzo particolarmente incline alla masturbazione; di conseguenza, con intento di scherno, lo scapolo (non per sua scelta). "*Oh, ma lo sai chi m'ha chiesto d'uscire stasera? Qui' segaiolo di Alberto!*" = *Sai chi mi ha invitato ad uscire stasera? Lo scapolone Alberto!*

seghìno *s.m.* esile, gracile, piccolo, mingherlino.

Il termine viene usato sia per riferirsi con tono amichevole a qualcosa o qualcuno di piccole dimensioni, sia con intento dispregiativo per connotare in maniera negativa tale caratteristica. "*Che ti sei fidanzata con qui' seghino? O' che te ne fai?*" = *Ma ti sei fidanzata con quel ragazzo gracile e mingerlino? Che te ne fai?*

séguita! *m.d.d.* continua!; modo di dire con cui, in modo sarcastico e assieme decisamente poco garbato, ci si riferisce a qualcuno che sta portando avanti una qualche attività che si desidera interrompa immediatamente. "*E allora seguita!*" = *E allora continua!*

sei una fràna *m.d.d.* equivalente di *sei un disastro.* Si dice a chi non riesce a combinare niente di buono, o che combina un pasticcio dietro l'altro.

sènza sùgo *m.d.d.* sta a significare *che non sa di niente*, e si usa sia per riferirsi sia a cose che a persone. "*L'ho letto quel libro che mi hai prestato, ma l'è senza sugo...*" = *Ho letto il libro che mi hai prestato, ma non sa di niente.* Il modo di dire prende origine verosimilmente da quelle pietanze che acquisiscono un sapore, un carattere e un'identità soltanto se accompagnate da un sugo, come ad esempio la pastasciutta.

sèrpe *s.f.* persona di cui ci si può fidare poco, per non dire affatto.

sgombralètti *s.m.* termine senese usato per indicare un medico di poco valore, incompetente. Nel nome risiede il destino del paziente che in breve tempo libererà il letto d'ospedale perché dimesso nonostante la malattia, o, nel peggior dei casi, perché passato a miglior vita. Anche **spiccialètti**.

sgozzàta *s.f.* colpo inferto alla gola con la parte di mano aperta che va dal pollice all'indice. Anche **sgozzìno**.

sìto *s.m.* puzzo, odore terribilmente sgradevole.

sòdo *agg.* usato nel grossetano, e in generale nella Maremma, per indicare chi è duro di comprendonio, che fa fatica a capire. "*Certo che se' bello sòdo, eh?*" = *Certo che non capisci veramente niente, eh?* → **beòta**, **céppo**, **chiòrba**, **dòddò**

soffocóne *s.m.* pompino, fellatio, → **mugolóne**

sòrba *s.f.* termine colorito e scherzoso, tipico del dialetto livornese, equivalente a fica o → **pàssera**. Usato anche per riferirsi a una donna particolarmente bella e desiderabile.

sòrti! *escl.* letteralmente *esci*, levati; usato per comunicare (e non chiedere) in modo non elegante di spostarsi. "*Sorti di costì!*" = *Levati di lì!*; anche → **lè'ati da' treppàssi**

sméncio *agg.* usato per indicare qualcosa di moscio, molliccio, flaccido. È l'aggettivo che in Toscana per eccellenza si accompagna al pene a riposo. Analogo a **méncio**. "*Icché tu vorresti fare stasera, con codesto pipi smencio, fammi capire?*" = *Che cosa avresti intenzione di fare stasera con codesto pisello moscio, fammi capire?*

spaccascurrégge *s.m.* rompi-scorregge; dal vernacolo livornese *spàcca* (rompere, spaccare) e *scurrégge* (peto, flatulenza). Dicesi di persona che millanta imprese eroiche, conquiste amorose e successi finanziari, ma che poi si rivela essere solo aria fritta. L'efficacia della locuzione nel rappresentare tale condizione sta proprio nella contrapposizione del prefisso spacca, che apre la fantasia ad imprese eroiche e memorabili, al suffisso *scurrégge*, col quale si smaschera, con sorpresa e delusione immediate, la vera natura della persona.

spépera *s.f.* dicesi di bambina o ragazzina (più raramente di persona adulta) che parla molto, chiacchierona, ciarliera, petulante, molto vivace, saputella. "*La c'ha sempre da mette' bocca, quella spépera!*" = *Deve sempre metterci bocca, quella chiacchierona saputella!*

spunzonàta *s.f.* colpo inferto con uno spunzone. "*Gli ha dato una spunzonata con la canna del fucile, e subito s'è messo a camminare!*"

sputtanàre *v. tr.* letteralmente, *mandare a puttane,* buttare all'aria; **1)** raccontare qualcosa riguardo qualcuno, che lo stesso avrebbe voluto tenere riservata; **2)** spendere denaro in malo modo, in sciocchezze; sperperare le ricchezze; **3)** sciupare, rovinare qualcosa.

squacquarèlla *s.f.* dal vernacolo livornese *squàcquera* (feci liquide) e *-ella* (suffisso vezzeggiativo). Evoca un'immagine di disgusto e disfacimento, come un gelato sciolto al sole. Epiteto potente e umiliante da usare in casi estremi, quando si vuole annientare l'avversario con un solo colpo, dandogli non solo di merda, ma addirittura di merda di scarsa consistenza.

sta lì a fàgni le séghe *m.d.d.* espressione idiomatica in dialetto aretino stretto, col significato di sta lì senza combinare niente. Questo modo di dire viene utilizzato per descrivere la situazione in cui una persona, invece di essere produttiva, perde tempo inutilmente. È un'espressione spesso usata con tono di disappunto, sottolineando la frustrazione verso chi non contribuisce in modo efficace a un lavoro o a un'attività. *"Sta lì a fagni le seghe!"* = *Sta lì senza fare niente di realmente concreto.*

stai bonìno *m.d.d.* letteralmente, *fermati*; di fatto è un invito non troppo cortese a interrompere immediatamente l'attività che si sta svolgendo.

strapùppami la fàva *escl.* → **pùppa!**

strogolàre *v. intr.* **1)** è l'attività che compie il maiale quando, grufolando nel trogolo, fa fuoriuscire il cibo. "*La smetti di strogolare come un maiale? Mangia per bene!*"; **2)** cucinare in modo maldestro e approssimativo, spesso combinando ingredienti poco adatti a stare assieme; si usa soprattutto con chi è alle prime armi in cucina: "*È di là in cucina che strogola... non lo so mica che combina...*"; **3)** mangiare in maniera sguaiata, tanto da sporcarsi, un po' come i maiali al → **trògolo**, appunto.

stroncapèttini *s.m.* termine ironico e, in base alla sua modalità di utilizzo, anche offensivo usato per riferirsi a una persona calva.

strónzolo *s.m.* non è il nome dell'ottavo nano, come molti ironicamente sostengono, ma è invece sinonimo e diminutivo di stronzo, escremento solido di forma cilindrica.

strónzolo càato a fòrza *m.d.d.* stronzo cagato a forza, spinto fuori facendo uno sforzo. In questo contesto, l'utilizzo del termine → **strónzolo** non si riduce a un mero insulto. Assume invece una valenza più profonda, sottolineando l'estrema difficoltà di chi parla nel liberarsi della presenza dell'uditore. La sua fastidiosità, per chi lancia l'offesa, è tale da dover richiedere uno sforzo titanico, al pari di un'impresa epica.

strùllo *s.m.* termine usato in tutta la Toscana per riferirsi in forma bonaria (anche se l'appellativo non è certo un complimento) a chi appare troppo allegro e frizzante, ma anche sciocco e → **grùllo**. "*Che l'abbozzi di fare lo strullo?*" = *La smetti di fare lo scemo?* Anche → **citrùllo**

sùdicio *agg.* sporco; **1)** termine utilizzato per indicare una persona poco pulita, "*Madonna come l'è sudicio però Gianni…*" = *Certo però com'è sporco Gianni…*; **2)** sacco dell'immondizia di casa. "*Che va' te a buttare i' sudicio stasera?*" = *Puoi andare tu a buttare il sacchetto dell'immondizia stasera?*; **3)** al femminile donna di malaffare; → **maiàla**

T

tabarìno *s.m.* e *agg.* piccolo, basso, nanetto. Termine colloquiale, utilizzato in tono ironico o affettuoso, per indicare una persona di bassa statura, un nanerottolo, un esserino minuscolo. "*È venuto ad aprirci un tabarino che pareva un folletto…*"

tamburlàno *s.m.* cianfrusaglia, paccottiglia, rottame, ferraglia, baraccone. Termine colloquiale, utilizzato in tono ironico o dispregiativo, per indicare un oggetto di grandi dimensioni, ingombrante, di aspetto sgraziato e poco piacevole. "*Oh che tamburlano di macchina t'ha comprato!? Sembra un carro armato!*" = *Che rottame di auto hai comprato!? Sembra un carrarmato!*"

tattamèo *s.m.* bigotto, perbenista, leccaculo. Termine colloquiale, utilizzato in tono ironico o dispregiativo, per indicare una persona che ostenta un perbenismo formale, che si atteggia a timido e riservato, ma che in realtà è falso e ipocrita.

te lo lévo io i' rùzzo *m.d.d.* togliere a uno la voglia di scherzare, di giocare, riportarlo alle proprie responsabilità; usato come minaccia.

tèsta a ùzzo *m.d.d.* testa a punta, testa a forma di uovo. Modo di dire tutt'altro che garbato usato per dare di testa dura a qualcuno, al pari di **ceppicóne** (→ **céppo**).

testìna *s.f.* modo poco garbato, ma in definitiva affettuoso, per denotare una testa di cazzo. "*Oh testìna, vieni un po' a vedere che hai combinato!*"

tegàme *s.m.* appellativo scurrile e offensivo, diffusamente usato nei dialetti livornese e pisano, e in maniera meno marcata anche nel lucchese e nel pistoiese, per indicare una persona di sesso femminile di dubbia moralità. È sinonimo di puttana, bagascia, mignotta, troia. La sua collocazione sintattica per eccellenza è nella locuzione livornese "*Ir tegame di tu' mà!*" = *La puttana di tua madre!*

ti cào sur pètto *m.d.d.* ti defeco sul petto. Espressione labronica con la quale si declina, in modo secco e perentorio, l'invito a fare qualcosa. Molto simile a, e usato al pari di, **ti vo ner cùlo**. "*C'è da mette' a posto le sedie prima d'andà via… / Ti cào sur petto!*" = *Prima di andare, c'è da mettere a posto le sedie… / non ci penso nemmeno!*

ti c'ho ner cuòre ma ti vò ner cùlo *m.d.d.* ti ho nel cuore, ma ti vado nel culo. Espressione usata solitamente in risposta a una richiesta d'aiuto, più o meno esplicita, alla quale non si intende volutamente dare seguito. È la seconda parte della frase (*ti vo nel cùlo*), nel suo essere così esplicita e cruda, a svelare l'ipocrisia che si cela nella sua prima parte (*ti c'ho ner cuòre*). Può essere usata al pari di → **ti cào sur pètto**

tòpa *s.f.* vagina, passera, fica; **1)** termine usato diffusamente in tutta la Toscana per riferirsi all'organo genitale femminile. Sebbene volgare, decisamente meno crudo di → **pòtta**; **2)** in modo figurato, usato per descrivere una bella ragazza e, in alcuni contesti, può persino assumere un tono affettuoso. Esclamazioni come "*bella tòpa!*" o "*bella topóna!*" (*acc.*) possono essere rivolte alla collega di lavoro con la quale si ha confidenza, senza il timore di venir denunciati, oppure anche alla nipotina, per sottolineare quanto sia diventata bella, cosa che non sarebbe possibile con termini più espliciti come *pòtta*; **3)** fuori dal contesto volgare, *tòpa* denota un tipo di copricapo in pelliccia simile al colbacco; **4)** in ambito culinario, indica un pane dolce di forma simile alla baguette, ripieno di zibibbo, che ricorda molto il buccellato lucchese.

trabìccolo *s.m.* in origine era l'intelaiatura in legno dove veniva posto il veggio usato per riscaldare il letto. Ora più usato come definizione burlesca o dispregiativa di una macchina complicata e ingombrante, di un veicolo vecchio e sgangherato.

traccheggióne *s.m.* chi perde tempo, → **piaccicóne**

tre còse son diffìcili da fàre: cuòcere un uòvo, fàre il lètto ad un càne e insegnàre a un fiorentìno *prov.* proverbio toscano teso a mettere in cattiva luce la testardaggine e la presunzione dei fiorentini, i quali difficilmente sono disposti ad accettare consigli, paragonando la difficoltà che si può riscontrare nel voler loro insegnare qualcosa, ad altre azioni della vita quotidiana di evidente difficoltà. Infatti, anche se sembra un'azione semplice, *cuocere un uovo* perfettamente può richiedere precisione e attenzione ai dettagli; *fare il letto a un cane* rappresenta invece un compito quasi impossibile, poiché i cani tendono a muoversi molto e a disfare qualsiasi ordine venga loro imposto.

trògolo *s.m.* 1) speciale vasca in muratura, usata nelle campagne per lavare i panni o le verdure; 2) mangiatoia per i maiali. Da questa ultima accezione è nata l'espressione *fig.* "*essere un trogolo*", usata con la valenza di essere sporco perlopiù di cibo; mangiare in modo sguaiato, tale da sporcarsi bocca, mani e faccia. "*O' come tu mangi? Tu sei un trogolo!*". Nel dialetto pisano è **trùgolo**. Per estensione, a Livorno trogolo può divenire il giusto appellativo per colui che mangiando si sporca eccessivamente il viso o gli abiti, magari ruttando senza ritegno → **strogolàre**

tròia *s.f.* 1) femmina del maiale, con speciale riferimento a quella usata per la riproduzione; 2) *fig.* puttana, donna che usa concedersi senza riguardo per il rapporto sessuale. "*Non ti provare a uscire con quella, sai? L'è una troia!*"

troiàio *s.m.* 1) termine colloquiale, utilizzato in senso spregiativo, per indicare una vistosa quantità di sporcizia o un lavoro malfatto → **casìno**. L'espressione "*questo è un vero e proprio troiaio!*" esprime forte disappunto e risentimento per la situazione descritta; 2) in senso letterale → **bordèllo**, riferendosi ad un luogo di raduno di persone malfamate o a un ambiente in cui si svolgono attività disoneste e immorali.

trombàre *v. tr.* **1)** estrarre acqua con la tromba: in questo caso, la tromba si riferisce a uno strumento specifico, utilizzato per attingere acqua da pozzi o altri recipienti; **2)** travasare il vino da un fiasco a un altro con la tromba: questa accezione è tipica del dialetto toscano e si riferisce all'utilizzo di un tubo per trasferire il vino da un contenitore all'altro; **3)** in senso *fig.* copulare: questa accezione è volgare e si riferisce all'atto sessuale, utilizzando l'immagine del travasamento dello sperma dai testicoli alla vagina. "*Stasera Gino 'un viene, l'ha da trombare!*" = *Questa sera Gino non c'è, deve scopare.*

trombazùcche *s.m.* termine ironico, e in base alla sua modalità di utilizzo anche offensivo, formato da *tromba* (trombare, atto sessuale) e *zucche* (da zucca, il famoso vegetale arancione). È usato per riferirsi a chi non può vantare gran numero di rapporti sessuali, o a chi non ne ha mai avuti ma li bramerebbe (come potrebbe accadere a un ragazzotto adolescente). La colorita espressione insinua che, chi la riceve, non avendo occasione di rapporti carnali, sia solito organizzarsi procurando un foro nel vegetale maturo, penetrandolo come una vagina. Non è escluso che la consistenza della polpa surrogata del vegetale possa essere molto simile a quella dell'originale. Provare per credere!

tu' ha' fàtto cóme i' moscondòro *m.d.d.* hai fatto come la mosca; espressione idiomatica usata per criticare qualcuno che, dopo aver tergiversato e perso tempo, compie una scelta infelice o sbagliata, cioè finire nella merda esattamente come il moscondoro, il tipico moscone dai riflessi madreperla. "*Non so che dire, dopo averci pensato tanto ha fatto una scelta di merda. Proprio come i' moscondoro!*"

tu ne tócchi! *m.d.d.* adesso le prendi (*sott.* le botte). "*Se 'un tu' sta' attento tu ne tocchi!*" = *Se non stai attento ti meno!*

tugùrio *s.m.* baracca, catapecchia, topaia, stamberga, spelonca, gabbia, buco, tana, luogo lurido, sordido, squallido, miserabile. Può essere una stanza, una casa o qualsiasi altro ambiente che presenti queste caratteristiche. "*Viveva in un tugurio ai margini della città.*"

tumm'ha' bell'e divertìto *m.d.d.* tu mi hai bello che stufato, mi hai rotto le palle; espressione idiomatica usata per comunicare insofferenza, stanchezza o fastidio verso una situazione o una persona. È analoga al modo di dire "ne ho abbastanza". "*Tumm'ha' bell'e divertito con queste storie!*" = *Adesso basta, mi hai stufato.*

U

uggiòso *agg.* e *s.m.* noioso, tedioso, fastidioso, irritante, molesto, antipatico, pesante, barboso, seccante, palloso; descrive qualcosa o qualcuno che suscita una sensazione di tedio, noia, irritazione o fastidio. "*Che tempo uggioso!*" = *Che tempo noioso!*; "*Ho letto un libro uggioso e ho smesso dopo poche pagine*" = *Ho letto un libro noioso e ho smesso dopo poche pagine*; "*Sei davvero uggioso oggi!*" = *Sei davvero irritante oggi!*; "*Quell'uomo è un uggioso insopportabile*" = *Quell'uomo è un tipo irritante e insopportabile.*

'un ci si càmpa! *m.d.d.* non ci si vive!; espressione colloquiale, utilizzata per indicare un luogo in cui è difficile vivere, lavorare o relazionarsi con le persone. Si tratta di un ambiente ostile, tossico, dove la vita diventa un peso e la convivenza è un inferno. Usato per riferirsi a luoghi i cui sinonimi potrebbero ben essere inferno, purgatorio, gulag, lager, topaia. "*In quell'ufficio 'un ci si campa: il capo è un tiranno e i colleghi sono tutti serpenti!*"= *Quell'ufficio è invivibile: il titolare è un tiranno e i* *colleghi sono tutti delle serpi!*; "*Quella scuola piena di bulli è un incubo, 'un ci si campa!*" = *Quella scuola piena di bulli è un incubo, non la sopporto più!*; "*In questa città 'un ci si campa! L'aria è irrespirabile!*" = *Questa città è invivibile! L'aria è irrespirabile!*

'un se ne pòle più! *m.d.d.* non ne posso più!; espressione colloquiale, utilizzata per esprimere esasperazione, frustrazione e stanchezza di una situazione insostenibile. Si tratta di un grido di dolore e di rabbia verso qualcosa o qualcuno che ci sta facendo perdere la pazienza. "'*Un se ne pole più di questa situazione!*"; "'*Un se ne pole più di questo governo!*"; "'*Un se ne pole più di questa vita!*"

'un tu capìsci un'àcca *s.m.* non capisci un'acca, non capisci niente; dal momento che in italiano la lettera *h* non si pronuncia e quindi, in un certo senso, non contiene niente. "*Che c'hai parlato un po' con Carlo? Hai visto anche te che 'un capisce un'acca?*" = *Hai avuto modi di parlare in maniera più approfondita con Carlo? Ti sei reso conto anche tu che non capisce nulla?*

U

V

va' a cacàre, vai! *escl.* vai a cagare, vai! Analogo a → **va' a pigliattelo ni' culo!** anche se, in questo caso, anziché andare a subire un rapporto anale, l'ascoltatore è invitato ad andare a defecare, attività di basso profilo e poco nobile.

va' a pigliàttelo ni' cùlo! *escl.* vai a prendertelo nel culo; vaffanculo, vai a fare in culo, fottiti. Nella versione fiorentina e delle zone limitrofe, la locuzione è decisamente esplicita, in quanto è descritto molto più chiaramente cosa l'oratore sia invitato a fare. L'espressione, pertanto, indica l'inequivocabile invito a subire, non necessariamente da parte dell'oratore, un rapporto anale. L'espressione è chiaramente offensiva, ma può essere usata anche amichevolmente con persone con le quali si ha confidenza.

vàso *s.m.* donna di aspetto orribile, l'esatto corrispondente di cesso, usato in tutta Italia. Quando non viene utilizzato come insulto può indicare anche il tegame (ma non è questo il caso).

vècchio bacùcco *m.d.d.* termine scherzoso utilizzato per indicare una persona anziana; 1) può essere usato in modo affettuoso, per riferirsi a una persona cara a cui siamo legati. "*Nonno, sei un vecchio bacucco, ma ti voglio bene!*"; 2) in modo offensivo, è usato per indicare una persona non più giovane che non capisce più nulla, rimbambita. "*Quel vecchio bacucco non capisce più niente!*". L'origine del termine è incerta. Un'ipotesi lo fa derivare da una deformazione popolare del nome del profeta Abacuc. La statua di Abacuc, opera di Donatello, orna il campanile di Santa Maria del Fiore a Firenze e fu soprannominata dai fiorentini "lo zuccone". Questo soprannome potrebbe aver dato origine al termine "bacucco", usato per indicare una persona anziana con la testa calva.

vo' insegna' a i' culo a cacàre? *interr.* vuoi insegnare al culo a cacare? Locuzione usata in via prevalente a Firenze e aree limitrofe per redarguire un interlocutore che dubiti delle capacità dell'oratore, in qualsivoglia campo, nel quale, invece, lo stesso oratore vanta una insindacabile, manifesta supremazia. "*Se i' bullone un ti si svita, mettici un po' d'olio! / Che vo' insegna' a i' culo a cahare?*" = *Se il bullone non ti si svita, mettici un po' d'olio! = Ma vuoi insegnarlo proprio a me?* L'espressione risponde a chi pretende di dare lezioni a chi ha più esperienza, come capiterebbe a chi intendesse insegnare al culo come evacuare, abilità per la quale qualsiasi culo può rivendicare un incontrastato primato. Nel livornese, per sortire lo stesso identico effetto si usa la locuzione "'*Un piscio mi'a dall'orecchi*" = *Non piscio mica dalle orecchie.*

Z

zebbedèi *s.m. pl.* zebedei, palle; termine scherzoso col quale, soprattutto nel triangolo Siena-Pisa-Firenze, si indicano i testicoli.

zòccola *s.f.* zoccola, prostituta di basso profilo, baldracca. Il termine deriva verosimilmente dalla consuetudine di tali donne nel calzare gli zoccoli durante le passeggiate a bordo strada. L'espressione è estremamente offensiva e viene usata in contesti del tipo: "*Quella zoccola della barista fa sempre i sorrisini a i' mi' marito!*"

zòtta *s.f.* merda, cacata. Indica soprattutto la cacata che si può trovare lungo la strada, fastidiosa da incontrare e facilmente calpestabile. Talvolta il termine può essere usato anche in riferimento a una persona non troppo carina nei modi.

zózzo *agg.* e *s.m.* zozzo; termine dialettale toscano, derivato dal latino *sordidus*, che significa sordido, sporco, sudicio, lurido, schifoso; **1)** utilizzato per indicare un oggetto o una persona che presenta un elevato grado di sporcizia. La frequente espressione "*Maiala come gl'è zozzo!*" è un rafforzativo che sottolinea l'estrema sporcizia di qualcosa. "*Guarda che scarpe zozze che hai! Vai a lavarle subito!*"; "*Non mettere le mani su quel tavolo, è zozzo!*"; "*Maiala come gl'è zozzo questo pavimento! Bisogna pulirlo per bene*"; **2)** termine usato anche per indicare uomini o donne dediti a una sessualità animalesca e perversa.

zuccóne *s.m.* babbeo, balordo, cretino, idiota, rapa, scimunito, stupido, testa di legno, testa vuota, zucca; **1)** persona dalla testa grossa; **2)** in senso figurato, persona ottusa di mente. "*Si è comportato da zuccone, non si è scusato neanche*"; **3)** persona caparbia, testarda. "*Quello zuccone non ascolta mai i consigli di nessuno*". Nel dialetto senese, allo *zuccóne* ci si riferisce col termine → **chiòrba**, oppure col suo *acc.* **chiorbóne**.

L’autore

Francesco Albanese, classe 1971, fiorentino dalla nascita, pistoiese di adozione, è psicologo, psicoterapeuta, ex giornalista. Negli anni, si è occupato di ricerca al Dipartimento di Psichiatria dell’Università di Pisa, di Psicologia Clinica e di Psicologia del Traffico all’Università di Firenze. Nel 2000 ha fondato (e co-fondato), e da allora ha diretto, riviste online come Neuroscienze.net e PsicoLAB.net. È stato giornalista per una decina d’anni e, oltre a scrivere per riviste cartacee e online, ha offerto consulenze per riviste italiane e internazionali, intervenendo in trasmissioni radiofoniche per radio locali e nazionali. Scrive da quando ha imparato a scrivere. Dal 2013 scrive libri e non è ancora riuscito a smettere. Con Editoriale Programma ha pubblicato *Storie, Miti e Leggende della Toscana*. Il suo sito web è www.francescoalbanese.com

Su f @sentierodellarinascita

I miei insulti

Stampato nel mese di settembre 2024
presso Media Key Editoriale
www.mk-editoriale.eu